¿POR QUÉ TANTOS HOMBRES INCOMPETENTES SE CONVIERTEN EN LÍDERES?

TOMÁS CHAMORRO-PREMUZIC

¿POR QUÉ TANTOS HOMBRES INCOMPETENTES SE CONVIERTEN EN LÍDERES?

(y cómo evitarlo)

 Empresa Activa

Argentina – Chile – Colombia – España
Estados Unidos – México – Perú – Uruguay

Título original: *Why do so many incompetent men become leaders?*
(and how to fix it)
Editor original: Harvard Business Review Press, Boston, Massachusetts
Traducción: Marta García Madera

1.ª edición Enero 2020

    Plaza de los Reyes Magos, 8, piso 1.º C y D – 28007 Madrid
    www.empresaactiva.com
    www.edicionesurano.com

ISBN: 978-84-16997-24-4
E-ISBN: 978-84-17780-88-3
Depósito legal: B-23.606-2019

Fotocomposición: Ediciones Urano, S.A.U.
Impreso por Romanyà Valls, S.A. – Verdaguer, 1 – 08786 Capellades (Barcelona)

Impreso en España – *Printed in Spain*

Para Mara Hvistendahl,
por escribir *Unnatural Selection*,
la obra que inspiró este libro

Índice

1

¿Por qué la mayoría de los líderes son ineptos?

Busca en Google «mi jefe...» y encontrarás las siguientes opciones de autocompletar: «es ofensivo», «es mezquino», «es incompetente», «es vago» y «está loco». Los estudios de opinión ofrecen resultados similares. Según Gallup, una empresa de encuestas mundial que recoge periódicamente datos sobre la actitud de los empleados de todo el mundo, el 75% de las personas dejan el trabajo por su jefe directo. Esos resultados revelan que el mal liderazgo es la causa número uno de la rotación voluntaria en todo el mundo. A todo esto, el 65% de los estadounidenses afirman que preferirían cambiar de jefe antes que conseguir un aumento de sueldo[1]. Esta respuesta con tan poca visión de futuro no reconoce que puede que el siguiente jefe no sea mejor, sino peor.

¿Qué conclusión se puede sacar del hecho obvio de que la mayoría de los líderes, sean ineptos o no, son hombres? Teniendo en cuenta que las mujeres constituyen alrededor

---

1. Jennifer Robinson, «Turning Around Employee Turnover», *Gallup Business Journal*, 8 de mayo de 2008, http://news.gallup.com/businessjournal/106912/turning-around-your-turnover-problem.aspx.

del 50% de la población adulta y que, en gran parte del mundo industrializado, superan a los hombres en número y en resultados en la universidad, podríamos esperar que hubiera, como mínimo, la misma representación de mujeres y hombres en puestos de liderazgo. Sin embargo, la realidad no concuerda con esta idea. En la mayor parte del mundo, la noción de liderazgo es tan masculina que, en general, a la gente le costaría nombrar a una líder empresarial famosa. Por ejemplo, en una encuesta reciente, se pidió a 1.000 estadounidenses que dijeran el nombre de una líder femenina famosa en el campo tecnológico. Alrededor del 92% de los encuestados no respondieron nada y una cuarta parte del 8% restante contestaron «Siri» o «Alexa»[2]. Cuando le mencioné a una clienta que estaba escribiendo un libro sobre las mujeres y el liderazgo, su cínica respuesta fue: «¿Quieres decir que estás escribiendo dos libros?» Su contestación ejemplifica la débil asociación que se establece entre mujeres y liderazgo, y no solo en la cabeza de la gente.

Incluso entre las empresas del S&P 500 (que están mucho más comprometidas con la igualdad entre hombres y mujeres que las empresas más pequeñas y de propiedad privada), estamos muy lejos de ver una proporción equilibrada entre ambos géneros. En 2017, la proporción de mujeres en puestos de estas empresas disminuía a medida que aumentaba el poder del puesto de trabajo:

El 44% de la mano de obra

---

2. Christopher Zara, «People Were Asked to Name Women Tech Leaders. They Said "Alexa" and "Siri"», *Fast Company*, 20 de marzo de 2018, www.fastcompany.com/40547212/people-were-asked-to-name-women-tech-leaders-they-said-alexa-and-siri.

El 36% de supervisores y mandos medios

El 25% de líderes y ejecutivos sénior

El 20% de miembros del consejo de administración

El 6% de los CEO[3]

En este libro exploramos una cuestión fundamental: ¿Y si estas dos observaciones (que la mayoría de los líderes son malos y que la mayoría de los líderes son hombres) estuvieran directamente relacionadas? Es decir, ¿disminuiría el predominio del mal liderazgo si hubiera menos hombres y más mujeres al mando?

La primera vez que planteé esa pregunta fue en 2013, en un breve ensayo para la *Harvard Business Review* cuyo título resumía la cuestión: «¿Por qué tantos hombres incompetentes se convierten en líderes?»[4] Yo defendía que la subrepresentación de las mujeres en el liderazgo no se debía a su falta de capacidad ni de motivación, sino a nuestra incapacidad para detectar la incompetencia en los hombres. Cuando se considera a un hombre para un puesto de liderazgo, los mismos rasgos que predicen su caída suelen confundirse con señales de talento o potencial de liderazgo o incluso se celebran como tales. En consecuencia, los defectos de carácter de los hombres los ayudan a surgir como líderes porque es-

---

3. Judith Warner y Danielle Corley, «The Women's Leadership Gap», *Center for American Progress*, 21 de mayo de 2017, www.americanprogress.org/ issues/women/reports/2017/05/21/432758/womens-leadership-gap.

4. Tomás Chamorro-Premuzic, «Why Do So Many Incompetent Men Become Leaders?», *Harvard Business Review*, 22 de agosto de 2013, https://hbr. org/2013/08/why-do-so-many-incompetent-men.

tán disfrazados de cualidades de liderazgo atractivas. Tal y como mostraré en este libro, rasgos como exceso de confianza y egocentrismo deberían ser vistos como señales de alarma. En cambio, nos llevan a decir: «Ah, ¡qué tío tan carismático! Probablemente sería un buen líder». El resultado, tanto en el campo de los negocios como en el de la política, es un excedente de hombres incompetentes al mando. Dicho excedente reduce las oportunidades de gente competente (mujeres y hombres) y, al mismo tiempo, mantiene el nivel de liderazgo tristemente bajo.

El número de lectores de este artículo continúa aumentando año a año. Poco a poco se ha convertido en uno de los artículos de HBR.org más leídos todos los años desde que fue publicado, y yo he recibido más *feedback* sobre este artículo que sobre mis nueve libros o los otros trescientos artículos que he escrito durante mi carrera. Lamentablemente, la popularidad del mismo solamente refleja el gran número de personas del mundo que siguen siendo testigos del liderazgo incompetente y que sufren sus consecuencias. Si alguna vez has trabajado en una oficina, probablemente hayas experimentado una forma concreta de mala gestión mostrada por jefes que parecen no ser conscientes de sus limitaciones y que están encantados consigo mismos de una forma clara e injustificada. Son arrogantes y bruscos y sienten una gran admiración por sí mismos. Es algo asombroso, sobre todo teniendo en cuenta su verdadero talento. Ellos mismos son sus mayores fans, con diferencia.

Sin embargo, dichos defectos rara vez entorpecen sus posibilidades de carrera. Al contrario. Y, como esos jefes es más probable que sean hombres que mujeres, en general, a las líderes femeninas potenciales se les recomienda tener comportamientos típicamente masculinos, como «creer en uno mismo», «no preocuparse por lo que los demás piensen de ti» y mi preferido, «sé tú mismo», como si fuera posible hacer otra cosa. (Como indica la versión humorística de los consejos de ser uno mismo: «Sé tú mismo, todos los demás ya son ellos mismos».)

Un signo claro de progreso socioeconómico son los intentos por parte del mundo de los negocios de poner más mujeres en lo más alto de las empresas. Pocas organizaciones grandes de Occidente no tienen programas que fomenten la diversidad, la mayoría de los cuales incluyen un apartado explícito relacionado con el género[5]. Sin embargo, los programas están destinados principalmente a ayudar a las mujeres a emular a los hombres, con las hipótesis subyacentes de que las mujeres merecen lo mismo o que pueden hacer lo mismo. Pero ¿este objetivo es útil y lógico cuando la mayoría de los líderes, de hecho, son bastante perjudiciales para sus organizaciones? En lugar de tratar el liderazgo como algún tipo de destino de carrera glamurosa o una recompensa personal por llegar a lo más alto, deberíamos recordar que el liderazgo es un recurso para la organización. Es bueno solamente cuando los empleados se benefician de él porque fomenta su motivación y su rendimiento. La prioridad debería ser elevar el nivel de liderazgo (y no solamente tener más mujeres al frente de las organizaciones).

Para la mayoría de los empleados del mundo, es indudable que la experiencia de liderazgo dista de ser positiva. La realidad de trabajo cotidiana provoca ansiedad en lugar de

---

5. Alice H. Eagly, «When Passionate Advocates Meet Research on Diversity, Does the Honest Broker Stand a Chance?», *Journal of the Society for the Psychological Study of Social Issues* 72, n.º 1 (2016): 199–222, https://doi.org/10.1111/josi.12163.

inspiración, el síndrome del trabajador quemado en lugar de empoderamiento, y más desconfianza que confianza. Y, aunque la gente puede que admire y se divierta con los que llegan a lo más alto, las cosas suelen ser distintas para los empleados que deben trabajar para esos individuos.

Los datos corroboran este descontento generalizado. En un estudio de 2011 efectuado a más de catorce mil profesionales de los recursos humanos y otros jefes, los encuestados consideraron de forma positiva apenas al 26% de sus líderes actuales, y solo al 18% de los líderes futuros como prometedores[6]. Asimismo, los ejecutivos sénior tienen poca fe en el potencial de los que consideran sus sucesores. En una reciente encuesta global que explora cómo evalúan los consejos de administración sus programas de gestión de talento (los sistemas diseñados para identificar, desarrollar y retener líderes) se indica que menos del 20% de los consejos de administración confían en que sus organizaciones controlen sus problemas de liderazgo[7]. Pese a que en este libro nos centraremos en líderes de organizaciones y no en líderes políticos, la situación no es mucho mejor para los gobiernos y los jefes de Estado. Alrededor de un 60% de las personas del mundo creen que su país va por mal camino, por cortesía de sus líderes[8].

Sin duda, los caminos al liderazgo de las mujeres están llenos de escollos, como por ejemplo un techo de cristal muy

---

6. Jazmine Boatman y Richard S. Wellins, *Global Leadership Forecast*, Development Dimensions International, Pittsburgh, PA, 2011.

7. Boris Groysberg y Deborah Bell, «Talent Management: Boards Give Their Companies an "F"», *Harvard Business Review*, 28 de mayo de 2013, https://hbr.org/2013/05/talent-management-boards-give.

8. The Data Team, «What the World Worries About», *Economist*, 24 de noviembre de 2016, www.economist.com/blogs/graphicdetail/2016/11/daily-chart-17.

grueso. Sin embargo, cuanto más estudio a los líderes y el liderazgo, más convencido estoy de que el problema crucial es la falta de obstáculos en la carrera profesional para los hombres incompetentes.

Como veremos, la gente tiende a equiparar el liderazgo con los comportamientos (exceso de confianza, por ejemplo) que suelen señalar el mal liderazgo. Es más, estos comportamientos son más habituales en el hombre medio que en la mujer media. El resultado es un sistema patológico que recompensa a los hombres por su incompetencia mientras que castiga a las mujeres por su competencia. Tenemos que reemplazar nuestros criterios equivocados de evaluación de líderes por criterios más relevantes y efectivos: que predigan el rendimiento real y no el éxito de la carrera profesional individual. Las cosas mejorarán, no solo para las mujeres sino también para todo el mundo, cuando empecemos a elegir a líderes mejores.

Las consecuencias del mal liderazgo

Una zona de Buenos Aires llamada Villa Freud presume de tener la mayor concentración de psicoanalistas per cápita del mundo. Incluso los bares y las cafeterías tienen nombres freudianos, como «Complejo de Edipo» y «El inconsciente». Muchos de los residentes son terapeutas, siguen terapias o ambas cosas. De hecho, solo se permite que los psicoanalistas sean terapeutas si siguen una terapia. Este requisito crea un universo de psicoanalistas y pacientes en continua expansión y que se autoperpetúa. Es como un esquema piramidal invertido y enfermizo. Cada psiquiatra nuevo es el paciente de otro psiquiatra, y ese plan hace que tanto la oferta como la demanda sean elevadas de forma perenne.

Yo crecí en Villa Freud. Incluso nuestro perro iba al psiquiatra, aunque siempre tuve claro (yo, quizás incluso nuestro perro) que el psiquiatra del perro realmente abordaba *nuestros* problemas, y no los del perro. Cuando tuve que decidir la carrera que quería hacer, fue algo casi inevitable: tenía que ser psicólogo.

El hecho de crecer en Argentina también fomentó mi interés por el liderazgo, sobre todo por el problemático. Hace un siglo, Argentina era el futuro. Además de ser la tierra de las oportunidades, era uno de los países más ricos del mundo, y tenía un PIB per cápita superior al de Francia y Alemania. Sin embargo, Argentina lleva en declive constante desde entonces, y es uno de los pocos países del mundo que involucionan perpetuamente. ¿Cuál es la razón principal? Un mal líder después de otro. Por eso, me planteé las preguntas obvias: ¿cómo es posible que personas listas y con educación elijan a líderes autodestructivos, un mandato político tras otro, sin aprender las lecciones de los fracasos anteriores? ¿Cómo puede ser que personas racionales que tienen la mejor de las intenciones se dejen engañar por timadores carismáticos que les prometen lo imposible a la vez que persiguen sus planes perjudiciales y sus propios intereses corruptos? Pese a que dicho estado deprimente al final me llevó a dejar Argentina, me prometí a mí mismo que haría todo lo necesario para comprender y aprender a solucionar ese lado tóxico del liderazgo.

Y, de hecho, hoy en día soy psicólogo de liderazgo. Gran parte de mi trabajo se centra en ayudar a las organizaciones a evitar a líderes incompetentes y hacer que los líderes ya instalados en el cargo sean menos incompetentes. Este trabajo tiene repercusiones importantes. Cuando se hace bien, se consiguen enormes beneficios para la organización y para su gente. Cuando se hace mal, uno tiene… Argentina.

En el campo de los negocios, un mal líder afecta significativamente a los subordinados al reducir el compromiso de estos; es decir, el entusiasmo que sienten por su trabajo y el sentido y el propósito que encuentran en él. Estudios globales señalan que un asombroso 70% de los empleados no están comprometidos en el trabajo, y que solamente el 4% de dichos empleados tienen algo positivo que decir sobre sus jefes[9]. Es evidente que el buen liderazgo no es la norma, sino la excepción.

El coste económico de la falta de compromiso es aún más sorprendente. Solamente en Estados Unidos, el compromiso más bajo se traduce en una pérdida de productividad anual de alrededor de 500.000 millones de dólares[10]. Esta estimación probablemente sea conservadora, ya que se basa en grandes corporaciones multinacionales: organizaciones que se molestan en preguntar a los empleados cómo se sienten acerca de su trabajo. Y que dedican un tiempo y un dinero considerables a mejorar la forma en la que sus empleados experimentan el trabajo. El empleado medio del mundo entero probablemente sea aún más infeliz.

La pérdida de productividad no es el único inconveniente de la falta de compromiso. También es más probable que los empleados que no se sienten implicados con la empresa dejen el trabajo. La rotación de los trabajadores supone una carga enorme que incluye finiquitos, daño moral y pérdida de productividades asociadas con el tiempo y los recursos

9. Manfred F. R. Kets de Vries, «Do You Hate Your Boss?», *Harvard Business Review*, diciembre de 2016, https://hbr.org/2016/12/do-you-hate-your-boss.

10. Catherine Clifford, «Unhappy Workers Cost the U.S. Up to $5 Billion a Year», *Entrepreneur*, 10 de mayo de 2015, https://www.entrepreneur.com/article/246036.

necesarios para encontrar y formar a los recién llegados. Entre el 10 y el 30% del salario anual de los empleados se pierde debido al coste que supone la rotación de los trabajadores. Esta cifra es incluso superior al reemplazar a líderes, ya que las empresas cazatalentos que buscan a altos ejecutivos cobran alrededor del 30% del salario anual del líder. Y la rotación de los trabajadores no siempre es el peor escenario posible para las empresas. Cuando los empleados que no se sienten comprometidos con el negocio deciden quedarse, es más probable que trabajen de una forma más contraproducente; por ejemplo, maltratando al personal, saltándose las reglas o cometiendo fraude.

Las mujeres como una solución al mal liderazgo

Tal y como describiremos en este libro, existen pruebas fiables que muestran que entre líderes, en general, las mujeres superan a los hombres (consulta el capítulo 5). En particular, en un análisis de cuarenta y cinco estudios sobre liderazgo y género, Alice Eagly, profesora de la Northwestern University, y sus colegas descubrieron que las mujeres eran más capaces de impulsar el cambio positivo en sus equipos y organizaciones que los hombres, sobre todo porque tenían estrategias de liderazgo más efectivas[11]. En concreto, las mujeres obtenían más respeto y orgullo de sus seguidores, comunicaban su visión de forma más efectiva, empoderaban mejor a sus su-

---

11. Alice H. Eagly, Mary C. Johannesen-Schmidt y Marloes L. van Engen, «Transformational, Transactional, and Laissez-Faire Leadership Styles: A Meta-Analysis Comparing Women and Men», *Psychological Bulletin* 129, n.º 4 (2003): 569–591.

bordinados y eran mejores mentores, abordaban la solución de problemas de una forma más flexible y creativa y eran más justas y objetivas en su evaluación de colaboradores directos. En cambio, los líderes hombres es menos probable que conecten con sus subordinados y que les recompensen por su rendimiento real. Los hombres se centran menos en el desarrollo de los demás y más en avanzar en su propia carrera profesional[12].

Pese a las típicamente pequeñas diferencias por géneros, en el estudio se llegaba a la conclusión de que «todos los aspectos del estilo de liderazgo en el que las mujeres superaban a los hombres estaban relacionados positivamente con la efectividad del liderazgo, mientras que todos los aspectos en los que los hombres superaban a las mujeres tenían relaciones negativas o nulas con la efectividad». Las diferencias pequeñas pero significativas entre el liderazgo masculino y el femenino apuntan en una dirección. Allí donde las mujeres son diferentes, dan mejores resultados. En cambio, si los hombres son diferentes dan resultados peores.

Evidentemente, estas conclusiones pueden reflejar lo que los investigadores denominan *sesgos de muestreo*. Dado que las mujeres deben estar más cualificadas que los hombres para lograr oportunidades de liderazgo, los estudios que señalan que las líderes mujeres son más competentes que los líderes hombres puede que reflejen, simplemente, que las mujeres se enfrentan a retos más duros que los hombres para llegar a ser líderes. Dichos estudios (que exploraremos en este libro) normalmente se usan como prueba de que el nivel es injustamente elevado para las líderes mujeres. Pero

---

12. *Ibidem.*

le daré la vuelta a ese argumento: el nivel para los líderes hombres no es lo suficientemente elevado. Como todos queremos líderes mejores, no deberíamos bajar el listón al seleccionar a mujeres, sino subirlo al seleccionar a hombres.

Por ejemplo, los estudios han señalado que es menos probable que una mujer consiga una entrevista de trabajo que un hombre que tenga su misma cualificación. Experimentos simples han confirmado claramente este efecto. Por ejemplo, cuando un investigador de Skidmore envió currículos idénticos de solicitantes que se llamaban Jennifer o John, John era percibido como considerablemente más competente que Jennifer y le ofrecían alrededor de 4.000 dólares más de sueldo anual, pese a que los currículos eran idénticos en todo, salvo en el nombre[13].

Debido a esta tendencia, las mujeres tardan más que los hombres en lograr los mismos niveles de liderazgo. Por ejemplo, un análisis publicado en *Fortune* 1000 CEOs señaló que una minoría pequeña (solamente el 6%) de los CEO que eran mujeres tardaban el 30% más que sus homólogos masculinos en llegar a lo más alto, cosa que explica por qué las CEO de dichas empresas son, en promedio, cuatro años mayores que sus homólogos masculinos[14].

Paradójicamente, no deberíamos preguntarnos «Si las mujeres son tan buenos líderes, ¿por qué no hay más?», porque la respuesta lógica a esa pregunta es que las mujeres son

---

13. Alexander W. Watts, «Why Does John Get the STEM Job Rather than Jennifer?», *Stanford University*, 2 de junio de 2014, https://gender.stanford. edu/news-publications/gender-news/why-does-john-get-stem-job-rather-jennifer.

14. Evelyn Orr y Jane Stevenson, «What Makes Women CEOs Different?», Korn Ferry Institute, 8 de noviembre de 2017, https://www.kornferry.com/ institute/women-ceo-insights.

líderes tan geniales porque, ya para empezar, a una mujer le resulta mucho más difícil lograr ser líder.

Tal y como mostraré, los prejuicios sexistas no solamente frenan a las mujeres competentes y permiten que los hombres incompetentes lleguen a ocupar posiciones de liderazgo. Existe una desconexión fundamental entre la realidad del liderazgo y nuestras suposiciones al respecto. Hay un abismo entre los rasgos de personalidad y los comportamientos necesarios para ser *elegido* como líder y los rasgos y las habilidades que se necesitan para ser *capaz* de liderar de forma efectiva.

Liderar de forma efectiva frente a ser elegido líder

Justine (una persona real a la que le he puesto un nombre ficticio) es una contable belga lista e inquisitiva que lleva quince años trabajando como directora financiera sénior para una gran organización no gubernamental. Continuamente supera las expectativas y su jefe la considera una de las personas más valiosas del equipo, pero Justine rara vez se promociona a ella misma. En lugar de hacer *networking* y promocionarse a sí misma, prefiere centrarse en su trabajo y realizar cada tarea con toda la eficacia posible, dejando que sus logros hablen por sí solos. Cuando surge un proyecto nuevo, se presta voluntaria para hacerlo, pero solo si está absolutamente segura de que estará a la altura de lo que debe hacer.

Quizás no te sorprenda saber que Justine ha visto a muchos de sus colegas ser ascendidos, incluso cuando no son tan buenos como ella. Lo que ocurre es que tienen confianza y asertividad, y de este modo dan la impresión de ser no solo más competentes, sino también más resueltos y líderes. Y como pueden continuar confiando en que Justine mantendrá los trenes en marcha para ellos, la incompetencia de ellos suele quedar enmascarada por la aportación silenciosa pero efectiva de Justine.

La mayoría conocemos a alguien como Justine. Quizás te sientas un poco como ella. De hecho, su historia no es una excepción sino la regla para muchos de nosotros, tanto hombres como mujeres. En cualquier organización, los individuos que se concentran en adelantar a sus colegas es más probable que sean recompensados por sus jefes que los individuos menos resueltos, aunque los ambiciosos aporten poco a la organización.

Alguien a quien llamaré Stuart (un antiguo cliente de *coaching* mío al que he cambiado el nombre) ejemplifica esta verdad. Ha disfrutado de una carrera estelar en relaciones públicas y recientemente fue contratado por una gran empresa de Silicon Valley para dirigir la comunicación externa. Cualquiera que busque a Stuart en Internet se quedará impresionado por su currículum, sus contactos y su marca pública: dos charlas TED, puestos sénior anteriores en tres empresas de la lista *Fortune* 100 y miles de seguidores en redes sociales. Sin embargo, estos logros no reflejan la capacidad de Stuart para liderar. De hecho, la mayoría de sus antiguos subordinados estarían de acuerdo en que, como líder, Stuart estaba principalmente ausente y tenía pésimas habilidades de gestión. Sin embargo, como Stuart dedica la mayor parte del tiempo a gestionar su propia reputación con el mundo exterior, es un líder muy solicitado. Y para engrasar más su inmerecido éxito en su carrera profesional, a Stuart le va estupendamente en las entrevistas de trabajo, ya que parece resuelto y carismático. Como las entrevistas son el método más común para examinar el potencial de los líderes, el futuro de

Stuart es brillante. Por desgracia, no se puede decir lo mismo de la gente que tendrá que rendirle cuentas a él.

Según estudios recientes, las personas como Stuart (egocéntricos, arrogantes y narcisistas) tienden a aparecer como líderes y a hacerse con el control de recursos y poder en un grupo. Y esos rasgos, que exploraremos más en los capítulos 2 y 3, son más comunes en hombres que en mujeres[15].

Freud proporcionó una explicación convincente para la primera parte de este fenómeno; es decir, que los chicos malos suelen llegar los primeros a la meta. Afirmaba que un líder aparece cuando un grupo de personas (los seguidores) sustituyen su propio narcisismo por el del líder, de forma que su amor por el líder es una forma de amor propio subliminal. Esta proyección de amor propio será especialmente común cuando los propios líderes sean narcisistas. «El narcisismo de otra persona —afirmó Freud— tiene una gran atracción para alguien que ha renunciado a parte del suyo … como si los envidiáramos por mantener un estado de ánimo feliz»[16]. Mira a tu alrededor y no encontrarás una explicación mejor para el aumento de egocéntricos en el campo político, en el de los negocios y en otros. Hemos creado estereotipos implícitos de líderes que son personas (normalmente, hombres) que parecen no ser conscientes de sus puntos débiles. Y tenemos una gran tolerancia frente a personas (de nuevo, normalmente, hombres) que no tienen tanto talento como ellos se creen.

---

15. Ohio State University, «Narcissistic People Most Likely to Emerge As Leaders», *Newswise*, 7 de octubre de 2008, www.newswise.com//articles/view/545089.

16. Eugene Webb, *The Self Between: From Freud to the New Social Psychology of France*, University of Washington Press, Londres, 1993.

Paradójicamente, los mismos rasgos psicológicos que permiten a los hombres emerger como líderes puede que sean responsables de su caída. Lo que se necesita para *conseguir el trabajo* no es solo distinto, sino también, a veces, opuesto a lo que se necesita para *hacerlo*.

Por eso, resulta extraño que gran parte del reciente debate sobre cómo conseguir que haya más mujeres en puestos de liderazgo se haya concentrado en animarlas a que copien los comportamientos adversos a la adaptación de los hombres ambiciosos. ¿De verdad queremos pedir a las mujeres que dupliquen un modelo obsoleto?

Cómo está organizado este libro

El objetivo de este libro es ayudarte a identificar las cualidades clave que hacen que las personas se conviertan en líderes incompetentes, y, al contrario, en buenos líderes. Comprendiendo la diferencia entre las características que se suelen asociar con los líderes y las que ayudan de verdad a los líderes a ser efectivos, espero que podamos abandonar los criterios de selección que impulsan la epidemia del mal liderazgo. Solo se puede parar lo que se puede ver.

En el capítulo siguiente examinaremos una de las causas principales que explican la epidemia de mal liderazgo: nuestra incapacidad para distinguir entre confianza y competencia, sobre todo cuando intentamos deducir el potencial de liderazgo en otras personas.

En el capítulo 3, veremos por qué los narcisistas consiguen convertirse en líderes y las consecuencias del narcisismo en la calidad y en el desequilibrio entre géneros en el liderazgo.

En el capítulo 4 analizaremos el mito del carisma. Tendemos a dar demasiada importancia al carisma, una deducción subjetiva basada en gran medida en el atractivo o la simpatía de alguien, como ingrediente clave del potencial de liderazgo.

En el capítulo 5 estudiaremos la ventaja femenina en el liderazgo. Como las mujeres tienen más inteligencia emocional que los hombres, pueden mostrar más autocontrol, empatía y liderazgo transformacional cuando están al mando.

En el capítulo 6 observaremos las cualidades universales que hacen que los líderes (hombres y mujeres) sean más efectivos. Pese a que haya muchos modelos de buen liderazgo, dichos modelos destacan, en general, unos ingredientes esenciales para que exista liderazgo potencial, como conocimiento experto, inteligencia y curiosidad.

En el capítulo 7 resumiremos formas de evaluar los elementos básicos del potencial de liderazgo. Nos centraremos en herramientas basadas en datos que permiten a las organizaciones seleccionar líderes mejores superando su problemática dependencia de la intuición.

En el capítulo 8, evaluaremos la efectividad de las intervenciones de desarrollo y *coaching* diseñadas para mejorar el rendimiento de los líderes. Aunque la mayoría de las organizaciones dediquen un tiempo y un dinero significativos a dichas intervenciones, sus niveles de éxito medios son decepcionantes.

En el capítulo 9 presentaré algunas ideas finales sobre las cuestiones debatidas a lo largo del libro. Extraeré lecciones del pasado y comentaré las implicaciones potenciales de los programas de diversidad de género en el futuro.

Espero que disfrutes del libro o que, como mínimo, desmonte tus ideas preconcebidas sobre el género y el liderazgo.

Por favor, acércate a este libro con la mente abierta y un nivel sano de escepticismo. Lo que leerás puede que se parezca poco a las ideas de otros sobre las mujeres y el liderazgo. Entre las ideas populares se incluyen recetas para aumentar la diversidad entre géneros, como pedir a las mujeres que den un paso adelante, se muestren asertivas, tengan más confianza o finjan tener algo hasta que lo hayan logrado. En este libro se hacen sugerencias bastante distintas.

El progreso en la cuestión del liderazgo femenino ha sido lento y fragmentado. Ha llegado el momento de considerar una solución distinta, y dicha solución implica contar con un tipo de análisis diferente.

2

La confianza disfrazada de competencia

Shilpa y Ryan trabajan en el mismo equipo en una gran empresa transnacional de contabilidad. Shilpa está más cualificada y tiene más experiencia que Ryan, pero los dos cobran lo mismo. Shilpa lleva cinco años más en la empresa que Ryan, pero él causó tal impresión durante la entrevista de trabajo que lo contrataron al mismo nivel que Shilpa a pesar de estar menos cualificado que ella. Su nombramiento no es sorprendente, teniendo en cuenta la bravuconería interpersonal de Ryan. Su egoísmo es evidente no solamente durante las entrevistas de trabajo, sino también en asignaciones de equipos internos, presentaciones de clientes y actos de *networking*.

Ryan habla más alto que Shilpa y más tiempo que ella. Es mucho más probable que sea Ryan el que interrumpa a otras personas por su entusiasmo para compartir sus ideas, ya que le encanta presentarlas. Es menos probable que matice sus declaraciones con salvedades, y es más probable que, al hablar, sea atrevido, cosa que su jefe considera «tener visión». Cuando Shilpa y él presentan recomendaciones a clientes, Ryan es el que habla casi todo el rato. Cuando los clientes hacen preguntas, es probable que Shilpa presente un abanico de opciones para investigar y comentar con más detalle. Si Shilpa no tiene respuesta a algo, lo admite. En cambio, Ryan nunca contesta con evasivas, sino que suele recomendar una única medida. Si un cliente le pregunta algo que no sabe, Ryan se las arregla para esquivar la pregunta.

En consecuencia, el jefe de ambos supone que Shilpa está menos segura de sí misma y, por lo tanto, que es menos competente que su compañero. Al final, Ryan es ascendido a un puesto de liderazgo, mientras que Shilpa se queda donde está.

¿Te resulta familiar? Es porque prácticamente en cualquier parte del mundo (al menos, allí donde se recopilan datos) asociamos las demostraciones de confianza con el liderazgo potencial. Piensa en estos ejemplos:

Inc.com nos dice que «la confianza en uno mismo es la base fundamental que hace crecer el liderazgo» y que, «sin confianza, no hay liderazgo»[17].

Según *Forbes*, «la confianza siempre es el mejor amigo de un líder»[18].

La página web de noticias *Quartz* sugiere que si los introvertidos pudieran tener más confianza, podrían convertirse en líderes[19].

---

17. Francis Dao, «Without Confidence, There Is No Leadership», *Inc.*, 1 de marzo de 2008, www.inc.com/resources/leadership/articles/20080301/dao.html.

18. Victor Lipman, «Why Confidence Is Always a Leader's Best Friend», *Forbes*, 9 de mayo de 2017, www.forbes.com/sites/victorlipman/2017/05/09/why-confidence-is-always-a-leaders-best-friend/#27892c9047be.

19. Peter O'Conner, «Introverts Make Great Leaders—But Lack Confidence in Their Capabilities», *Quartz*, 7 de octubre de 2017, https://qz.com/1097276/introverts-make-great-leaders-but-lackconfidence-in-their-capabilities.

El cofundador del Virgin Group y magnate de los negocios Richard Branson nos asegura que el «ingrediente secreto» que le permite «dominar y mejorar el mundo» es la confianza[20].

Entrepreneur nos reta a encontrar a una «persona extremadamente exitosa que no crea mucho en ella misma. No va a pasar. Steve Jobs, Martin Luther King Jr., Michael Jordan, Elon Musk y Mark Cuban son solo unos cuantos individuos de gran éxito que se beneficiaron en gran medida de dicha confianza»[21]. (Puede que estas personas se hayan beneficiado de ese rasgo, pero ¿qué hay acerca del número mucho mayor de personas con confianza que nunca logran un éxito de ese calibre o ningún éxito en absoluto?)

Recientemente, me invitaron a hablar ante una gran audiencia global de ejecutivos de un programa de «potencial elevado» para líderes mujeres. El tema era el género y el liderazgo. Empecé el discurso pidiendo al público que hiciera una encuesta rápida. Tenían que decir cuál consideraban que era el ingrediente más importante para tener talento para el liderazgo *en términos científicos*. Es decir, la pregunta no se centraba en su opinión personal o subjetiva, sino que reflejaba su conocimiento de pruebas y hechos innegables. Las opciones incluían conocimiento experto, inteligencia, traba-

20. Joseph Pearlman, «How to Exude Confidence Even If You Don't Feel It», *Inc.*, 28 de junio de 2016, www.inc.com/joseph-pearlman/this-simple-mindset-tweak-is-behind-richard-bransons-success.html.

21. Matt Mayberry, «The Incredible Power of Believing in Yourself», *Entrepreneur*, 29 de mayo de 2015, www.entrepreneur.com/article/246720.

jo duro, conexiones, suerte y confianza. Un sorprendente 80% del público eligió la confianza, que es menos importante que todas las demás opciones.

En este capítulo, exploraremos dos cuestiones. Primero examinaremos la relación entre confianza y competencia. Pese a que la mayoría de las personas ven a una persona con confianza en sí misma y suponen que dicha persona también es competente, de hecho no hay relación entre confianza y competencia. A continuación, refutaremos algunos mitos comunes sobre las diferencias entre géneros y la confianza y lo que implican realmente dichos mitos.

La diferencia entre competencia y confianza

¿Hasta qué punto crees que eres bueno en algo? Las personas que logran cosas excepcionales a veces atribuyen rápidamente sus logros a la confianza que sienten. Por ejemplo, cuando Roger Federer, posiblemente el mejor tenista masculino de todos los tiempos, ganó su octavo título de Wimbledon, un periodista de la BBC le pidió que revelara el secreto de su éxito. ¿Qué respondió Federer? Que la clave era la confianza y creer en sí mismo. Como creía en sí mismo, ganó. ¿De verdad? ¿Y sus habilidades extraordinarias y perfeccionadas exhaustivamente no habían tenido nada que ver?

Desde luego, no es que falten personas que tengan una confianza tipo Roger Federer, pero sí que suelen carecer del talento que la respalde. Los logros de Federer son excepcionales debido a su talento, no a su confianza. Si yo tuviera que elegir, preferiría tener el talento de Federer y no su confianza, sobre todo porque el talento conduce a la confianza más que al contrario. También preferiría que mi jefe, mi taxista y, sobre todo, mi cardiólogo fueran primero competentes y después tuvieran confianza en sí mismos.

La competencia es lo bien que haces algo. La confianza es lo bien que tú *crees* que lo haces. La competencia es una capacidad; la confianza es la *creencia* en esa capacidad. Dicha creencia o autoevaluación puede hacer referencia a habilidades aprendidas (por ejemplo, cantar, besar, subir el Everest o dirigir a personas) o a características de la personalidad (por ejemplo, inteligencia, simpatía, persistencia y creatividad). Nuestro amor propio está muy influido por lo bien que pensamos que hacemos algo. Y cuanto más importante sea la tarea, más influye en el concepto que tenemos de nosotros mismos. Por ejemplo, no es probable que te alimente mucho el ego sentirte seguro por tu capacidad para reconocer una canción de Justin Bieber (¿quizás al revés?) Tampoco es probable que te regañes a ti mismo demasiado si no te sientes seguro en tu capacidad para hablar islandés antiguo. Si algo no te importa ni es algo que valore mucho la sociedad, probablemente no influya en tu ego. Sin embargo, si eres alpinista, el hecho de creer o no que puedes subir el Everest probablemente afectará al concepto que tengas de ti mismo.

En un mundo lógico, la relación entre confianza y competencia estaría representada por un único círculo en un diagrama de Venn, lo que indicaría que el concepto que tenemos de nosotros mismos refleja con precisión nuestra competencia verdadera. Por desgracia, en el mundo real, la confianza rara vez es señal de competencia; la relación está representada solamente por una superposición marginal entre dos círculos distintos en un diagrama de Venn.

No existe ninguna forma sencilla de determinar si la confianza de alguien se corresponde con su capacidad a menos que esto último se pueda medir. Cuando una persona te dice, simplemente, que se le da bien algo, lo único que puedes hacer es creer que ha evaluado bien su capacidad y que te ha dicho la verdad.

Afortunadamente, cientos de estudios científicos han abordado este problema evaluando lo buena que *cree* la gente que es (su confianza) y lo buena que es en realidad (su competencia). Por ejemplo, en un reciente metaanálisis a más de veinte mil personas, los profesores alemanes Alexander Freund y Nadine Kasten agregaron 154 correlaciones entre la inteligencia que se autoasignaba una persona y los resultados de sus test de inteligencia[22]. Los resultados revelaron que había menos de un 10% de superposición entre lo inteligente que se creía una persona y lo inteligente que era en realidad. Este resultado se ha obtenido también en una amplia gama de otras capacidades y competencias (por ejemplo, rendimiento académico, talento musical y habilidades sociales).

El predominio del exceso de confianza

Quizás no te sorprenda que la mayoría de personas exageremos nuestras habilidades y talentos. Décadas de investigación sugieren que, prácticamente en todas las dimensiones

---

22. Philipp Alexander Freund y Nadine Kasten, «How Smart Do You Think You Are? A Meta-Analysis on the Validity of Self-Estimates of Cognitive Ability», *Psychological Bulletin* 138, n.º 2 (2012): 296–321, https://doi.org/10.1037/a0026556.

de la capacidad, tendemos a suponer que somos mejores de lo que somos en realidad[23].

Por ejemplo, ¿eres mejor que el conductor medio? Si eres como la mayoría de la gente, responderás que sí. Porque, aunque sea una imposibilidad estadística que la mayoría de la gente sea mejor que la media, la mayoría de los conductores sobrevalora sus habilidades al volante.

Y no es solo conducir. La gente se ve mejor que la media en prácticamente cualquier campo, como por ejemplo la cocina, el sentido del humor y el liderazgo, aunque, por definición, la mayoría de las personas están englobadas en el promedio. La gente también sobrevalora su rendimiento en el trabajo, lo que explica que tendamos a tener problemas para recibir *feedback* negativo, aunque tengamos la suerte de tener un jefe que nos haga una crítica sincera y constructiva[24].

Daniel Kahneman, psicólogo y ganador de un Nobel, pionero de la economía del comportamiento, resumió gran parte de su investigación al afirmar que, «en general, confiamos demasiado en nuestras opiniones, impresiones y juicios». ¿Qué más queda? No mucho. Para ilustrar este punto, Kahneman y sus colegas diseñaron varios acertijos en los que destacaban el problemático exceso de confianza en la intuición. Este es uno de sus acertijos más famosos que utilizaron para los test:

---

23. Luis Santos-Pinto, «Labor Market Signaling and Self-Confidence: Wage Compression and the Gender Pay Gap», *Journal of Labor Economics* 30, n.º 4 (2012): 873–914, https://doi.org/10.1086/666646.

24. Heike Heidemeier y Klaus Moser, «Self-Other Agreement in Job Performance Ratings: A Meta-Analytic Test of a Process Model», *Journal of Applied Psychology* 94, n.º 2 (2009): 353–370, https://doi.org/10.1037/0021-9010.94.2.353.

Un bate y una pelota cuestan 1,10 dólares.
El bate cuesta un dólar más que la pelota.
¿Cuánto cuesta la pelota?

Se trata de un problema sencillo. Pero, en general, las personas lo resuelven mal porque confían en sus instintos iniciales más de lo que deberían. Incluso el 50% de los estudiantes de Harvard, Princeton y el MIT dieron una respuesta incorrecta, es decir, diez centavos[25]. Evidentemente, la respuesta correcta es cinco centavos, y no hace falta ser un estudiante de una universidad selecta para saberlo. Sin embargo, confiamos tanto en nuestra intuición que ni nos molestamos en comprobar si nuestra respuesta es correcta. Y si no comprobamos nuestra lógica con un acertijo y otros problemas intelectuales diseñados para engañarnos, piensa en lo improbable que es que lo hagamos con problemas sociales espontáneos en los que la respuesta parece estar mucho más relacionada con nuestro instinto visceral que con cualquier principio lógico.

Pese a que la autoconciencia (*saber* lo bueno que eres) tiende a aumentar con el talento, uno de los descubrimientos más sorprendentes en psicología es lo poco que los expertos y los que no tienen ni idea difieren en las capacidades que se creen que tienen[26]. Los individuos más ineptos también ha-

---

25. Gus Lubin, «A Simple Logic Question That Most Harvard Students Get Wrong», *Business Insider*, 11 de diciembre de 2012, https://www. businessinsider.com/question-that-harvard-students-get-wrong-2012-12?IR=T.

26. Justin Kruger y David Dunning, «Unskilled and Unaware of It: How Difficulties in Recognizing One's Own Incompetence Lead to Inflated Self-Assessments», *Journal of Personality and Social Psychology* 77, n.º 6 (1999): 1121–1134.

rán las evaluaciones menos acertadas de sus talentos, sobrevalorando burdamente dónde están respecto a sus iguales. A todo esto, la mayoría de los individuos competentes mostrarán mucha autocrítica e inseguridad sobre sí mismos, sobre todo en lo relativo a su conocimiento experto.

Por ejemplo, en un estudio, los estudiantes cuyos resultados eran del percentil 25 inferior de la clase en las pruebas de gramática, razonamiento lógico y humor se clasificaban a sí mismos por encima del percentil 60[27]. En cambio, los que obtenían mejores resultados sistemáticamente subestimaban lo mejores que eran en comparación con sus compañeros. En el mismo estudio, los que tenían resultados por encima del percentil 87 se clasificaban a sí mismos entre los percentiles 70 y 75.

Las implicaciones de estos descubrimientos son evidentes: cuanto más sabes, más consciente eres de lo que sabes y de lo que no. El conocimiento experto aumenta el autoconocimiento, lo que incluye la conciencia de las propias limitaciones. Y, al revés, cuanto menos sabes, menos consciente eres de tus limitaciones y más arrogante serás. Tal y como Bertrand Russell, el famoso filósofo, matemático y Nobel británico se quejaba en un ensayo en el que condenaba el auge de la Alemania nazi: «La causa fundamental del problema es que, en el mundo moderno, los ignorantes están completamente seguros y los inteligentes, llenos de dudas»[28].

27. David Dunning *et al.*, «Why People Fail to Recognize Their Own Incompetence», *Current Directions in Psychological Science* 12, n.º 3 (2003): 83–87.

28. Bertrand Russell, «The Triumph of Stupidity», en *Mortals and Others: Bertrand Russell's American Essays*, 1931–1935, ed. Harry Ruja (Allen and Unwin, Londres, 1975–1998), 2:28, disponible en http://russell-j.com/0583TS.HTM.

¿Por qué está tan extendido el exceso de confianza? Como cualquier otro rasgo que se manifiesta habitualmente en una población, tiene que haber un beneficio, una ventaja adaptativa, aunque este beneficio coexista con un lado contraproducente. Por lo tanto, ¿cuál es el beneficio del exceso de confianza? Aumenta o mantiene nuestro nivel alto de amor propio. Nuestro deseo de sentirnos bien con nosotros mismos supera a nuestro deseo de ser buenos en algo y de evaluar acertadamente la realidad, incluidas nuestras propias capacidades. Por ejemplo, pese a que el exceso de confianza se haya relacionado con un rendimiento más bajo en el trabajo, la gente arrogante suele tener un amor propio más alto[29]. Y aunque sentirnos mejor con nosotros mismos no cambia la realidad de nuestros talentos, los seres humanos tenemos una necesidad inherente de vernos a nosotros mismos de forma positiva[30]. Un gran metaanálisis de cientos de estudios y miles de participantes señaló que, en casi el 90% de los estudios científicos, la gente mostraba una tendencia constante a interpretar los acontecimientos en beneficio propio. ¿Necesitas algún ejemplo? Mira si te sientes identificado con alguno de estos:

> Pediste un ascenso, pero te lo negaron. ¿Qué es más probable que hagas? (a) Aceptar que no eres tan bueno como pensabas, o (b) Culpar a tu empleador, que es injusto.

---

29. Heidemeier y Moser, «Self-Other Agreement».

30. S. J. Heine *et al.*, «Is There a Universal Need for Positive Self-Regard?», *Psychological Review* 106, n.º 4 (1999): 766–794, https://doi.org/10.1037/0033-295X.106.4.766.

Tienes una cita y conoces a una persona que te gusta, pero nunca te vuelve a llamar. ¿Cómo reaccionarías normalmente? (a) Aceptas que a esa persona no le gustabas mucho, o (b) Llegas a la conclusión de que él o ella no era tan atractivo/a o interesante como creías.

Vuelves al coche después de hacer unas compras y te encuentras una multa en el parabrisas. ¿Qué haces? (a) Aceptas tranquilamente tu responsabilidad y aprendes qué hiciste mal, o (b) Culpas al sistema que engaña a los conductores para sacarles el dinero.

Te eligen para ocupar un puesto de liderazgo pese a que no lo esperabas. ¿Qué supones? (a) Que has tenido suerte porque tu jefe ha sobreestimado tu potencial, o (b) Que tienes mucho talento y te lo mereces.

Te despiden del trabajo con poca antelación. ¿Qué haces? (a) Pides *feedback* tranquilamente para poder aprender y evitar que se repita esa situación, o (b) Intentas comprender por qué se ha tomado esa decisión tan injusta y sigues dándole vueltas hasta que tienes a alguien a quien echarle la culpa.

Recibes una bonificación anual y es menor de lo que esperabas. ¿Qué haces? (a) Aceptas que tu aportación no fue tan importante como pensabas, o (b) Te molesta que no te valoren.

Como habrás adivinado, la mayoría de las personas elegirían la opción (b) y no la (a) en esas situaciones, aunque no lo admitan y es probable que tú seas como la mayoría de la gente. ¿Por qué? Porque el exceso de confianza es la mejor forma de enfrentarse al rechazo y mantener una idea positiva de uno mismo cuando se reta a nuestro estatus. Para la mayoría de personas, la mejora del ego es una alternativa mucho mejor que comprobar la realidad de forma brutal.

Otra razón que explica la generalización y la persistencia del exceso de confianza es que es un mecanismo efectivo para engañar a los demás[31]. Resulta mucho más fácil convencer a los demás de que eres mejor de lo que eres realmente cuando ya has conseguido convencerte a ti mismo.

De esta forma, el exceso de confianza puede tener efectos que se autocumplen. El hecho en sí de que seas un líder puede convencer a tus seguidores de que eres más competente de lo que eres en realidad. Este efecto puede crear un círculo virtuoso en el que las personas trabajen más duro para garantizar tu éxito. Por ejemplo, en un estudio se descubrió que los CEO con un exceso de confianza moderado era más probable que atrajeran a proveedores e inversores y que sus empresas tenían una rotación de trabajadores menor[32]. El exceso de confianza proyectaba un aura de éxito e invencibilidad que cosechaba un éxito real simplemente porque provocaba que la gente lo creyera. A menudo, las percepciones crean la realidad, más que al contrario.

---

31. Robert Trivers, «The Elements of a Scientific Theory of Self-Deception», *Annals of the New York Academy of Sciences* 907, n.º 1(2000): 114–131, https://doi.org/10.1111/j.1749-6632.2000.tb06619.x.

32. Kenny Phua, T. Mandy Tham y Chi Shen Wei, «Are Overconfident CEOs Better Leaders? Evidence from Stakeholder Commitments», *Journal of Financial Economics* 127, n.º 3 (2017): 519–545, https://doi.org/10.1016/j.jfineco.2017.12.008.

¿Significa eso que el exceso de confianza es algo bueno y que, tal y como pregona el sector de la autoayuda, todos deberíamos visualizar el éxito y fingir que lo tenemos hasta que lo consigamos? Realmente, no.

Aunque la confianza nos ayude a convencer a otras personas de que somos competentes cuando no es así, existen grandes inconvenientes de tener una imagen distorsionada de nosotros mismos y de nuestras capacidades. Desde saber cuándo atravesar un cruce con mucho tráfico a presentarse voluntario para encargos de trabajo difíciles o aparecer en *America's Got Talent*, sería mejor que la gente no se engañara a sí misma sobre su capacidad. Tal y como señalan los psicólogos C. Randall Colvin y Jack Block: «Existe una realidad ahí fuera y la percepción acertada de la relación entre uno mismo y esta realidad es necesaria para la adaptación física y social»[33].

Imagina que te van a hacer una endodoncia y que el dentista va hacia tu boca con la fresa. ¿Qué preferirías, que él o ella careciera de confianza o de competencia? ¿Qué me dices del piloto de tu avión o del asesor financiero que toma decisiones de inversión por ti? Cuando los individuos competentes carecen de confianza, se preparan más, actúan con precaución y son más conscientes de los riesgos y los obstáculos potenciales. Todo eso mejora su rendimiento. En cambio, cuando la gente que tiene confianza en sí misma carece de competencia, su mejor apuesta es ocultárselo a los demás. Como probablemente puedas ver, incluso cuando la confianza pueda aportar al individuo beneficios en su carrera profe-

---

33. C. Randall Colvin y Jack Block, «Do Positive Illusions Foster Mental Health? An Examination of the Taylor and Brown Formulation», *Psychological Bulletin* 116, n.º 1 (1994): 3–20, https://doi.org/10.1037/0033-2909.116.1.3.

sional (al fin y al cabo, uno puede engañar a algunas personas todo el tiempo y a todas las personas parte del tiempo), las ventajas de la confianza son menos obvias para las personas que deben confiar en el rendimiento de esa persona. Y, recuerda, con solamente un 10% de coincidencia entre confianza y competencia, a menudo tendrás que elegir entre una u otra.

Veamos la forma más citada de exceso de confianza: conducir. El exceso de confianza es una de las razones de que la gente conduzca cuando está menos sobria de lo que cree. También es lo que explica que crea que tiene tiempo para cruzar el paso a nivel antes de que llegue el tren o que piense que puede conducir y enviar mensajes por el móvil al mismo tiempo. En 2018, la Asociación Automovilística Estadounidense hizo una encuesta a mil adultos y descubrió que el 79% de los hombres y el 68% de las mujeres consideraban que conducían mejor que la media[34]. En 2017, se estima que más de cuarenta mil personas en Estados Unidos murieron en accidentes de tráfico[35]. Está claro que todos estaríamos más seguros si tuviéramos una visión más acertada de nuestras capacidades, pero no es así.

Mujeres, hombres y los dos lados de la confianza

Como hemos visto, incluso cuando evaluamos erróneamente la competencia de otras personas, su autoconfianza puede

---

34. Erin Stepp, «More Americans Willing to Ride in Fully Self-Driving Cars», *NewsRoom*, 24 de enero de 2018, http://newsroom.aaa.com/2018/01/americans-willing-ride-fully-self-driving-cars.

35. Nathan Bomey, «U.S. Vehicle Deaths Topped 40,000 in 2017, National Safety Council Estimates», *USA Today*, 15 de febrero de 2018, www.usatoday.com/story/money/cars/2018/02/15/national-safetycouncil-traffic-deaths/340012002.

seguir logrando oportunidades, puertas abiertas y efectos autocumplidos para personas que, sencillamente, parecen tener más confianza que el resto. Esta es una de las razones por las que tantas personas bienintencionadas han aconsejado a las mujeres que tengan más confianza para avanzar en el trabajo y en su carrera profesional. Sin embargo, cabe señalar que estos tipos de consejos entrañan varios problemas.

Primero, no reconocen que la confianza tiene dos caras. Aunque sea una creencia interna, también tiene un lado externo, que afecta a lo asertivo que *pareces* a ojos de otras personas. Este lado externo de la confianza es el más importante porque se suele confundir con competencia real.

Volviendo al ejemplo que comentamos anteriormente, aunque Ryan parece tener más confianza que Shilpa, no sabemos lo seguro que *se siente*. Quizás sus demostraciones de confianza sean intentos desesperados de ocultar una inseguridad atroz. Cuando los clientes le hacen una pregunta, nunca admite que no sabe la respuesta, por miedo a parecer tonto. En cambio, Shilpa puede que internamente tenga más confianza que Ryan. Puede que tenga la suficiente seguridad en sí misma para admitir que a veces no tiene toda la información. Pero, para el mundo exterior, la insegura es Shilpa.

Conclusión: independientemente de lo seguros que nos sintamos internamente, cuando parecemos tener confianza ante los demás a menudo supondrán que somos competentes, como mínimo, hasta que les demostremos lo contrario.

Esta relación entre confianza percibida y competencia es importante. Se supone que las mujeres están menos seguras de sí mismas que los hombres, y algunos estudios han demostrado que las mujeres parecen menos seguras de sí mismas. Sin embargo, al analizar la investigación se ve que las mujeres tienen confianza internamente. De hecho, tanto hombres como mujeres pecan de exceso de confianza, aunque ellos todavía más que ellas.

Tal y como escriben Robin Ely, de la Harvard Business School, y Catherine Tinsley, de Georgetown, en la *Harvard Business Review*, la idea de que a las mujeres les falta confianza es una «falacia»:

> *Esa afirmación se suele invocar para explicar por qué las mujeres dicen menos lo que piensan en las reuniones y no se presentan a un ascenso a menos que estén seguras al 100% de que cumplen con todos los requisitos del trabajo. Sin embargo, la investigación no corrobora la idea de que las mujeres estén menos seguras de sí mismas que los hombres. Al analizar más de 200 estudios, Kristen Kling y sus compañeros llegaron a la conclusión de que las únicas diferencias destacables se daban durante la adolescencia; a partir de los veintitrés años, las diferencias se hacían insignificantes*[36].

Un equipo de académicos europeos estudió a cientos de ingenieros y volvieron a obtener el mismo resultado que Kling, es decir, que las mujeres sí que se sienten seguras de sí mismas en general[37]. Sin embargo, estos investigadores tam-

---

36. Catherine H. Tinsley y Robin J. Ely, «What Most People Get Wrong About Men and Women», *Harvard Business Review*, mayo-junio de 2018, https://hbr.org/2018/05/what-most-people-get-wrong-about-men-and-women.

37. Laura Guillén, Margarita Mayo y Natalina Karelaia, «Appearing Self-Confident and Getting Credit for It: Why It May Be Easier for Men than Women to Gain Influence at Work», *Human Resource Management* 57, n.º 4 (2017): 839–854, https://doi.org/10.1002/hrm.21857.

bién detectaron que la confianza de las mujeres no siempre era reconocida por los demás. Aunque tanto mujeres como hombres afirmaban sentirse seguros de sí mismos, era mucho más probable que los demás consideraran que eran los hombres los que parecían más seguros de sí mismos. El hecho de que las mujeres afirmaran sentir confianza no tenía correlación con cómo veían los demás su confianza.

Para empeorar el asunto, para las ingenieras, parecer seguras de sí mismas no implicaba ningún beneficio en cuanto al liderazgo. En el caso de los hombres, parecer seguros de sí mismos se traducía en tener influencia, pero para las mujeres, parecerlo no tenía el mismo efecto. Para tener impacto en la organización, se tenía que considerar que las mujeres estaban seguras de sí mismas y eran competentes y atentas; los tres rasgos eran inseparables. En el caso de los hombres, la mera confianza ya implicaba una mayor influencia en la organización, mientras que tener una actitud atenta no tenía efecto en la percepción de liderazgo potencial de la gente.

Por lo visto, es menos probable que toleremos una confianza alta en mujeres que en hombres. Este prejuicio crea una situación pérdida-pérdida para las mujeres[38]. Dado que se considera que las mujeres están menos seguras de sí mismas que los hombres, y como vemos que la confianza es fundamental para el liderazgo, exigimos demostraciones extraordinarias de confianza a las mujeres para considerar que son dignas de ocupar puestos de liderazgo. Sin embargo, cuando una mujer parece tener igual o más seguridad que un

---

38. Karen S. Lyness y Angela R. Grotto, «Women and Leadership in the United States: Are We Closing the Gender Gap?», *Annual Review of Organizational Psychology and Organizational Behavior 5* (2018): 227–265, https://doi.org/10.1146/annurev-orgpsych.

hombre, nos causa rechazo porque su alta dosis de confianza no encaja con nuestro estereotipo de género.

Si a las mujeres no les falta confianza en sí mismas, ¿por qué vemos diferencias en cómo se comportan hombres y mujeres? ¿Por qué es menos probable que las mujeres soliciten un puesto de trabajo o un ascenso a menos que estén seguras al 100% de estar cualificadas? ¿Por qué hablan menos las mujeres en las reuniones, y por qué es más probable que vayan sobre seguro al proponer algo?

Si la respuesta no es cómo se sienten las mujeres internamente, debe ser cómo son percibidas en el exterior. Es decir, las diferencias de comportamiento se producen no debido a las diferencias en cómo son los hombres y las mujeres, sino en cómo son tratados. Esto es lo que muestra la evidencia: es menos probable que las mujeres consigan un *feedback* útil, ya que sus errores se juzgan con mayor dureza y se recuerdan durante más tiempo, su comportamiento es analizado más minuciosamente y es menos probable que sus compañeros compartan información vital con ellas. Cuando las mujeres hablan, es más probable que sean interrumpidas o ignoradas[39].

En este contexto, tiene lógica que incluso mujeres extremadamente seguras de sí mismas se comporten de una forma distinta a los hombres. Tal y como observaron Ely y Tinsley en una empresa de biotecnología, era mucho menos probable que las científicas dieran su opinión en las reuniones, pese a que en las interacciones entre dos personas sí que daban mucha información útil. Los líderes atribuían esta diferencia a una falta de confianza: «Lo que no habían visto estos líderes era que, cuando las mujeres hablaban en las

---

39. Tinsley, «What Most People Get Wrong».

reuniones, sus ideas tendían a ser o bien ignoradas hasta que un hombre las volvía a exponer o desechadas si contenían el mínimo error. En cambio, cuando las ideas de un hombre tenían errores, se salvaban los elementos que valían la pena. Por lo tanto, las mujeres sentían que tenían que estar un 110% seguras de sus ideas antes de aventurarse a comentarlas. En un contexto en el que lo que se valora es ser inteligente, parecía mejor estar en silencio que ver cómo descartaban las ideas que comentabas una y otra vez». En consecuencia, como elegimos líderes en función de lo seguros de sí mismos que parecen y no de la seguridad o la competencia que tienen en realidad, acabamos escogiendo no solamente a más hombres sino, en última instancia, a más hombres incompetentes.

El peligro del exceso de confianza

Tal y como hemos visto, la tendencia a sobrevalorar nuestras capacidades y tener más seguridad de la que deberíamos se aplica tanto a hombres como a mujeres (recuerda el ejemplo de los conductores, en el que ambos sexos consideraban que conducían mejor que la media). Sin embargo, los hombres lo hacen con mucha mayor frecuencia que las mujeres. Por ejemplo, en aquel estudio de conductores, los hombres tenían 11 puntos porcentuales más de exceso de confianza que las mujeres[40].

Otro ejemplo procede de un estudio de 2012 dirigido por Ernesto Reuben y su equipo de la Universidad de Columbia. De nuevo, los participantes en el estudio, de ambos

---

40. Stepp, «More Americans Willing to Ride».

sexos, sobrestimaron su capacidad en una tarea matemática, pero los hombres sobrevaloraron su capacidad alrededor de un 30%, mientras que las mujeres lo hicieron en un 15%[41]. En un ingenioso estudio de seguimiento, los investigadores dividieron a los participantes en equipos que competirían para resolver un problema de matemáticas. Cada equipo tenía que elegir a un líder para que lo representara; como había un premio en metálico para el equipo ganador, cada equipo tenía interés en seleccionar al representante más competente. Pero Reuben y sus compañeros cambiaron las reglas para algunos de los equipos: el representante elegido recibiría una bonificación solamente por hacer de líder. Como era de esperar, tanto los hombres como las mujeres de esos equipos exageraron su capacidad en un esfuerzo para ganar el puesto de liderazgo y la bonificación. Pero los hombres la exageraron mucho más que las mujeres y fueron elegidos líderes más a menudo. Según descubrieron los investigadores, las mujeres fueron seleccionadas como líderes un 30% menos de veces de lo que su nivel de competencia predeciría.

Como hemos señalado anteriormente, aunque el exceso de confianza merezca la pena para el individuo, rara vez ocurre lo mismo para sus subordinados. A pesar de lo acertada que sea esta observación, nos gustan tanto las personas seguras de sí mismas que a menudo llegamos a la conclusión errónea de que una confianza elevada es ventajosa de por sí.

¿Por qué es más probable que los hombres sean arrogantes? Aunque algún tipo de adaptación evolutiva profundamente arraigada pueda haber producido esta diferencia en-

---

41. Ernesto Reuben *et al.*, «The Emergence of Male Leadership in Competitive Environments», *Journal of Economic Behavior & Organization* 83, n.º 1 (2012): 111–117, https://doi.org/10.1016/j.jebo.2011.06.016.

tre géneros, la explicación más sencilla es que es más probable que los hombres vivan en un mundo en el que sus errores sean perdonados y sus puntos fuertes magnificados. Por lo tanto, les resulta más difícil verse a sí mismos de una forma adecuada. El exceso de confianza es el resultado natural del privilegio.

A pesar de que haya algunos beneficios cuando un líder tiene exceso de confianza (como hemos visto, puede producir efectos autocumplidos, al hacer que los demás crean que el líder es tan bueno como él o ella cree), los inconvenientes son enormes, sobre todo para los demás. Veamos el caso de David Cameron. La decisión demasiado confiada del ex primer ministro británico de convocar un referéndum para seguir formando parte de la Unión Europea ha conducido al Brexit y ha puesto en peligro no solo el futuro del Reino Unido sino también el de Europa. Y, lamentablemente (para él y su país), el referéndum fue realmente un lapso tonto. Cameron funcionaba bien como primer ministro, con índices de aprobación relativamente altos incluso entre sus críticos naturales. Con una economía fuerte y una reputación positiva, Cameron pensó que podría acallar a los miembros antieuropeos del Parlamento de su partido al aceptar un referéndum nacional sobre la pertenencia del Reino Unido a la Unión Europea. Él era una figura fuerte pro-Europa, y estaba claramente seguro de que el referéndum le iría bien, subestimando la probabilidad (y las consecuencias) de un resultado negativo. Dos años después, su carrera política se terminó y su país todavía experimenta una incertidumbre enorme y está en modo control de daños.

Evidentemente, las decisiones basadas en el exceso de confianza que conducen a malos resultados no son nada nuevo, tal y como demuestran innumerables errores de liderazgo catastróficos como la marcha sobre Moscú de Napoleón, la invasión de la bahía de Cochinos de John F. Kennedy y la guerra de Vietnam. Del mismo modo, los líderes con exceso de confianza habitualmente se ofrecen para hacer tareas para las que no están cualificados ni equipados, y su falta de competencia dificulta seriamente el rendimiento y la moral de sus equipos[42].

Una razón por la que los líderes con demasiada confianza en sí mismos tienden a tomar decisiones descabelladas es que son inmunes al *feedback* negativo. En general, a la gente ya le cuesta bastante digerir las críticas. Y la mayoría de las organizaciones y las sociedades fomentan un entorno civil en el que se prefieren las mentiras piadosas a las verdades dolorosas. Por cada Uber, Amazon y Bridgewater (estas y algunas otras empresas han puesto en marcha culturas brutalmente sinceras en las que la norma es la «transparencia radical»), miles de empresas creen que decir la verdad no es solo políticamente poco aconsejable, sino también un suicidio en la carrera profesional. Incluso existe una tendencia reciente que elimina comentarios negativos de las evaluaciones de rendimiento. Al parecer, empresas como VMware (la división de computación en la nube de Dell), la plataforma de comercio electrónico Wayfair y el Boston Consulting Group están cambiando a un *feedback* puramente positivo[43]. Esta tendencia convierte la evaluación de rendimiento

---

42. Luis Santos-Pinto, «Labor Market Signaling and Self-Confidence: Wage Compression and the Gender Pay Gap», *Journal of Labor Economics* 30, n.º 4 (2012): 873–914, https://doi.org/10.1086/666646.

43. Rachel Feintzeig, «Everything Is Awesome! Why You Can't Tell Employees They're Doing a Bad Job», *Wall Street Journal*, 10 de febrero de 2015, http://www.wsj.com/articles/everything-is-awesome-why-you-cant-tell-employees-theyre-doing-a-bad-job-1423613936.

en un ejercicio vano de halago en el que lo mejor que pueden esperar los empleados es la capacidad de leer entre líneas para juzgar lo que quieren sus jefes de ellos.

Para empeorar las cosas, a los líderes se les priva aún más de *feedback* que a los empleados. Cuanto más éxito y poder tienes, más te hará la pelota la gente (pese a que piense mal de ti). Por lo tanto, los líderes deben ser anormalmente autocríticos y humildes para anticiparse a las críticas potenciales y para aspirar a mejorar. Los estudios muestran que la crítica más acertada sería la de los colaboradores directos del líder porque son los que conocen más de cerca su rendimiento. Pero ¿cuántos empleados se sentirían cómodos si tuvieran que criticar a su jefe con frecuencia? Muy pocos, y probablemente trabajen para un líder excepcionalmente bueno si se sienten cómodos al criticarlo a él o ella. Sin embargo, como la mayoría de los líderes (sobre todo, los hombres) tienen un exceso de confianza sobre su rendimiento, sería inocente pensar que aceptarían el *feedback* negativo o las críticas, especialmente por parte de sus subordinados[44].

Por el contrario, los individuos que son conscientes de sus puntos débiles y tienen un sentido realista de sus limitaciones podrían conectar con sus subordinados y comprender lo que deben hacer para mejorar, ¡pero primero tendrían que llegar a ser líderes! En un entorno que selecciona a líderes por su exceso de confianza, las personas que son excesivamente autocríticas (quizás incluso un poco inseguras) deberían estar muy solicitadas. Pero es más probable que sean

44. Cheri Ostroff, Leanne E. Atwater y Barbara J. Feinberg, «Understanding Self-Other Agreement: A Look at Rater and Ratee Characteristics, Context, and Outcomes», *Personnel Psychology* 57, n.º 2 (2004): 333–375, https://doi.org/10.1111/j.1744-6570.2004.tb02494.x.

ignoradas o ridiculizadas, ya que se supone que no son lo suficientemente fuertes o seguras para liderar. Cualquier persona que haya sido *coach* de un líder sabe que las personas que más necesitan el *coaching* es poco probable que piensen que son mejores de lo que son realmente.

Y a pesar de la idea común de que la confianza es una cualidad altamente deseable, solo lo es si va acompañada de una competencia real. Tal y como han dicho tanto Dizzy Dean como el gran Mohammed Ali: «No es presumir si puedes respaldarlo con tus actos». En general, la gente celebrará tu confianza a menos que crean que no se basa en una competencia real o que tú tengas demasiada buena opinión de ti mismo, más de la que deberías. Piensa en cualquier persona que te haya caído mal en algún momento porque te pareció arrogante. El problema no era que tuviera falta de confianza, sino que le sobraba confianza respecto a sus capacidades reales.

Por desgracia, en la mayoría de las organizaciones (salvo las del campo militar y el deportivo) existen pocos datos objetivos para evaluar el rendimiento de los líderes. Cuando no puedes juzgar la competencia de forma adecuada, es difícil reconocer el exceso de confianza y la incompetencia que enmascara.

3

¿Por qué ganan los malos?

«Es un jefe espantoso —dijo un trabajador—. Me resulta imposible trabajar para él... A menudo, cuando le cuentas una idea nueva, la ataca enseguida y dice que no vale para nada o que es una estupidez, y te dice que ha sido una pérdida de tiempo trabajar en eso. Eso ya de por sí es mala gestión, pero si la idea es buena, se pondrá a comentarla con la gente como si se le hubiera ocurrido a él.»

A pocas personas les gustaría la idea de trabajar para un jefe así. Y aún menos gente esperaría que ese jefe fuera considerado uno de los mejores líderes empresariales de todos los tiempos. Sin embargo, por increíble que parezca, esa cita describe nada menos que a Steve Jobs, el fundador de una de las empresas de más éxito de la historia[45]. (La cita es de Jef Raskin, que dirigió el diseño del ordenador Mac original.) Apple se acaba de convertir en la primera empresa de un billón de dólares de la historia de Estados Unidos, pese a no haber lanzado ningún producto superventas desde la muerte de Steve Jobs en el 2011.

La paradoja de Jobs dejó a muchos comentadores perplejos, en parte porque encaja con un arquetipo familiar: el

---

45. Walter Isaacson, *Steve Jobs*, Debate, Barcelona, 2012.

perfeccionista, visionario y exigente que pone el turbo por la imparable fuerza de un ego gigantesco. Con sus espectaculares descubrimientos de productos, su austero uniforme de jerséis de cuello alto negro y su misión megalomaníaca, Jobs parecía un modelo que los líderes ambiciosos podían seguir. Incluso se ha dicho que era capaz de crear una distorsión de la realidad sectaria cuando hablaba de los productos de Apple, convenciendo a empleados, inversores y proveedores de que cualquier cosa era posible. Igual que hacemos con muchos artistas atormentados, tendemos a ver las rarezas de la personalidad de Steve Jobs como algo inseparable de su genio.

En realidad, pocos líderes tienen éxito cuando son tan difíciles y se portan tan mal como Jobs. Un multimillonario hecho a sí mismo con una personalidad con defectos tiene éxito *a pesar de* los defectos de carácter, no gracias a ellos. Lo que hace que la historia de Jobs sea una verdadera excepción es que no solo fue contratado de nuevo como CEO de Apple después de ser despedido de su propia empresa, sino que también logró esos niveles extraordinarios de éxito. Por mucho que sus fans quieran atribuir el éxito sin precedentes de Jobs a su personalidad excéntrica e intransigente, muchos líderes narcisistas no tienen ningún problema en distorsionar la realidad o en tener ideas descomunales o visiones megalomaníacas para el futuro. Su problema principal es que no son Steve Jobs, y sin el talento de Jobs, los delirios de grandeza de dichos líderes nunca se convertirán en el próximo Apple.

Por desgracia, tenemos la tendencia a generalizar a partir de ejemplos que no son representativos, sobre todo porque son muy memorables. El hecho de que a Einstein no se le diera bien estudiar durante sus primeros años en la escuela no implica que las malas notas te vayan a ayudar a ganar un premio Nobel. Otro ejemplo sería John Coltrane. Su genio musical no era consecuencia de su adicción a la heroína, sino que su talento lograba sobrevivir de alguna forma a esa adicción. La única ventaja de una personalidad difícil es que puede que haga que una persona sea incapaz de encajar en un puesto de trabajo tradicional y eso provoca que emprenda su propio negocio por pura necesidad, o incluso por venganza. Pero hay una gran diferencia entre ser un emprendedor megaexitoso y ser inempleable, y esa diferencia depende del talento y no de la personalidad.

Muchos líderes odiosos consiguen no solo continuar en el puesto sino también lograr niveles impresionantes de éxito en su carrera personal, a pesar de sus personalidades tóxicas. Con este fin, en este capítulo exploraremos la relación entre el liderazgo y los dos ejemplos más conocidos de esos rasgos tóxicos: el narcisismo y la psicopatía. Al estudiar dichos rasgos, podremos examinar el liderazgo problemático de una forma más profunda que simplemente hablando de jefes difíciles en general. Asimismo, veremos un marco basado en pruebas para comprender el problema.

Desde luego, existen muchas más cosas en el lado oscuro del liderazgo que el narcisismo y la psicopatía. Entonces, ¿por qué concentrarse en estos dos elementos? Por varias razones. Estos rasgos no solo son más comunes en líderes que en la población normal, sino que también ilustran a la perfección la ambivalencia del lado oscuro. Estas tendencias contraproducentes e indeseables coexisten y están ampliamente enmascaradas por rasgos aparentemente atractivos. El narcisismo y la psicopatía son fascinantes porque ayudan a los líderes individuales a avanzar en su carrera profesional y, a la vez, dañan a las personas y a las organizaciones que dirigen. Estos líderes no siempre son incompetentes, pero, en general, son destructivos, sobre todo a largo plazo.

Varios estudios sitúan el índice de psicopatía en puestos de gestión sénior entre el 4 y el 20%. Incluso en el extremo más bajo, es cuatro veces superior al índice de la población general, que es solo del 1%. Asimismo, el predominio del narcisismo en la población general es solo del 1%, aunque hay estudios en los que se sugiere que, en CEO, la cifra es del 5%[46].

Ambos rasgos se encuentran con mayor probabilidad en hombres que en mujeres. Por ejemplo, el índice de narcisismo clínico es casi un 40% superior en hombres que en mujeres, lo que quizás contribuya a explicar los índices más elevados en los hombres de exceso de confianza, comentados en el capítulo 2. La psicopatía se da tres veces más a menudo en hombres que en mujeres.

Cómo detectar el narcisismo en el trabajo

¿Qué queremos decir cuando decimos que alguien es narcisista?[47] Primero, el narcisismo implica un sentido poco rea-

---

46. Patrick M. Wright *et al.*, «CEO Narcissism, CEO Humility, and C-Suite Dynamics», Center for Executive Succession, 2016, https://pdfs. semanticscholar.org/2abd/a21c7fe916e9030fccbb0b43b45da5da2dec. pdf.

47. Pese a que hay una línea muy fina entre el narcisismo como diagnóstico clínico y médico y el narcisismo que un profano en la materia describe como «alguien que tiene tendencias egocéntricas», en este capítulo me centraré solamente en la definición no clínica. Cualquier referencia al narcisismo o a personas o líderes narcisistas se debería entender como relativamente funcional y no patológica y, por lo tanto, no se sugiere que dicha persona en cuestión requiera tratamiento psicológico ni que deba ingresar en ninguna institución (aunque se dé ese caso).

lista de la grandiosidad y la superioridad que se manifiesta como vanidad, prepotencia y delirios al creer que se tiene talento. Sin embargo, bajo este aparente complejo de superioridad a menudo hay un concepto de uno mismo inestable: como el amor propio del narcisista es elevado pero frágil, con frecuencia anhela la validación y el reconocimiento de los demás. Este anhelo no resulta sorprendente: si siempre estás presumiendo, probablemente sea porque estás desesperado por tener la admiración de los demás. Esta inseguridad interior rara vez se encuentra en personas que son humildes por naturaleza.

Segundo, los narcisistas tienden a ser egocéntricos. Están menos interesados en los demás y tienen déficit de empatía, la capacidad de sentir lo que sienten los otros. Por esa razón, es raro que los narcisistas muestren consideración auténtica por alguien que no sea ellos mismos.

Tercero, el narcisismo se caracteriza porque la persona está convencida de que tiene derechos. Normalmente, los narcisistas se comportan como si merecieran ciertos privilegios o disfrutaran de un estatus superior al de sus iguales. Hay abundantes ejemplos: «¿De verdad tengo que solicitar un ascenso?» «¿Por qué no me han dado una bonificación mayor?» «¿Tengo que hacer cola?» Estos comentarios pueden justificar el comportamiento abusivo de los narcisistas en el trabajo y en otros ámbitos. Cuando piensas que eres mejor que los demás, percibes injusticia donde no la hay y te comportas de una forma degradante y condescendiente con los demás.

Durante décadas, los psicólogos han ideado y probado distintas herramientas para detectar el narcisismo. El método más común son los cuestionarios de autoinforme, en los que se proporciona a los encuestados una lista de afirmaciones relacionadas con sus hábitos, sus preferencias o su carácter personal. Por ejemplo «soy un líder natural» y «tengo más talento que la mayoría de la gente que conozco». Y, si piensas que este método es demasiado transparente para funcionar, te equivocas. Un estudio reciente llevado a cabo por Sara Konrath, de la Universidad de Indiana, mostró que se puede detectar si alguien es narcisista con una pregunta sencilla: «¿Hasta qué punto está de acuerdo con esta afirmación: "Soy un narcisista"? Nota: la palabra "narcisista" significa egoísta, creído, centrado en uno mismo»[48].

A continuación, los participantes respondieron la pregunta en una escala del 1 (no muy cierto en mi caso) a 7 (muy cierto en mi caso). Para sorpresa de los investigadores, los individuos narcisistas estuvieron bastante encantados de confesar que lo eran y esa única pregunta capturó el narcisismo con una precisión comparable a test más largos y bien consolidados, que los investigadores demostraron en once estudios. Fue fácil detectar el narcisismo con una única pregunta porque los narcisistas no solo son conscientes del amor extraordinario que sienten por sí mismos, sino que se enorgullecen de ello, porque adoran quererse, no les da ninguna vergüenza.

De todas formas, existen métodos menos transparentes para detectar el narcisismo. Por ejemplo, el narcisismo de los ejecutivos puede ser inferido a partir del tamaño de su foto de perfil en la empresa, de lo atractivo que aparezca en la foto, del número de veces que se les menciona en los folletos

---

48. Sara Konrath, Broam P. Meier y Brad J. Bushman, «Development and Validation of the Single Item Narcissism Scale (SINS)», *PLoS One* 9, n.º 8 (2014), https://doi.org/10.1371/journal.pone.0103469.

y los comunicados de prensa de las organizaciones y de la frecuencia con la que utilizan la palabra «yo» o pronombres para referirse a sí mismos[49].

En el caso de los CEO, su narcisismo también se puede deducir de su sueldo: cuanto mayor sea su ego, ¡más grande será la brecha entre su sueldo y el de todas las demás personas de sus organizaciones![50] Recientemente, varios estudios han mostrado que se puede detectar el narcisismo a partir de la huella digital de la persona en cuestión. Por ejemplo, fotos en Facebook más sexis, atractivas y de autopromoción y, por supuesto, un exceso de *selfies*. Todo lo anterior sugiere narcisismo[51].

¿Por qué los narcisistas tienen más probabilidad que los demás de ser líderes?

Como es de esperar para cualquier persona que abra el periódico, los narcisistas suelen ser líderes, y es fácil comprender por qué nos sentimos atraídos por ellos. A pesar de que sea difícil estimar el número exacto de narcisistas en papeles de liderazgo (sobre todo porque se les han hecho pruebas de narcisismo a muy pocos), varios estudios sugieren que los narcisistas ocupan puestos de liderazgo de forma

---

49. Arijit Chatterjee y Donald C. Hambrick, «It's All About Me: Narcissistic CEOs and Their Effects on Company Strategy and Performance», *Administrative Science Quarterly* 52, n.º 3 (2007), 351–386.

50. Charles A. O'Reilly *et al.*, «Narcissistic CEOs and Executive Compensation», *Leadership Quarterly* 25 (2014): 218–231.

51. Laura E. Buffardi y W. Keith Campbell, «Narcissism and Social Networking Web Sites», *Personality and Social Psychology Bulletin* 34, n.º 10 (2008): 1303–1314.

desproporcionada. Un estudio incluso estimó el narcisismo de los presidentes de Estados Unidos y llegó a la conclusión de que en algunas de las dimensiones clave del narcisismo, como la grandiosidad, el 80% de la población general obtendría una puntuación más baja en narcisismo que la media de los presidentes estadounidenses[52]. Es decir, ¿quién se atrevería a soñar en convertirse en presidente de Estados Unidos sin sentir grandiosidad? Otros estudios muestran que la puntuación de narcisismo de una persona, ya sea hombre o mujer, predice si se convierte en líder, incluso después de tener en cuenta el género, el amor propio y rasgos de personalidad principales como la extraversión o la curiosidad[53]. En el mismo sentido, en experimentos de laboratorio con grupos de pocas personas sin líderes que no se conocían de antes, lo más frecuente era que fueran líderes los narcisistas. ¿Por qué?

Primero, los narcisistas tienen, o se percibe que tienen, cualidades positivas, como niveles altos de creatividad. Pero en realidad no son más creativos que los demás, aunque venden mejor sus ideas.

Además, los narcisistas gastan mucho más tiempo y energía preocupándose de su aspecto. Son maestros en el manejo de impresiones, y seducen a la gente al mostrarse atractivos y seguros de sí mismos (esta seguridad, tal y como se comenta en el capítulo 2, se suele confundir con la

---

52. Ashley L. Watts *et al.*, «The Double-Edged Sword of Grandiose Narcissism: Implications for Successful and Unsuccessful Leadership Among U.S. Presidents», *Psychological Science* 24, n.º 12 (2013): 2379–2389, https://doi.org/10.1177/0956797613491970.

53. Amy B. Brunell *et al.*, «Leader Emergence: The Case of the Narcissistic Leader», *Personality and Social Psychology Bulletin* 34, n.º 12 (2008): 1663–1676, https://doi.org/10.1177/0146167208324101.

competencia). La gestión de las impresiones es una habilidad clave para avanzar en el trabajo, independientemente de si eres narcisista o no[54]. Sin embargo, como los narcisistas dedican más tiempo y esfuerzo a perfeccionar esta habilidad que el resto del mundo, por supuesto, acaban siendo mejores en ello.

Quizás como resultado de lo anterior, muchas organizaciones consideran a sus líderes y a sus empleados narcisistas miembros centrales de sus empresas. Por supuesto, los narcisistas están de acuerdo con este papel, pese a que a menudo se sientan más importantes que sus empresas. En más de una ocasión, he oído a ejecutivos quejarse de que en sus organizaciones no se valora del todo su talento mientras aseguran que su propia marca personal es más grande que la de su empresa. Se trata de la declaración clásica de un narcisista.

Al estar más orientados al estatus por naturaleza, los narcisistas valoran el poder y el logro más que los demás. De hecho, los mejores test de narcisismo evalúan un aspecto llamado *liderazgo* o *autoridad*. El narcisismo aumenta con el interés de la gente por el liderazgo y el poder. Una de las mejores declaraciones para evaluar este aspecto del narcisismo es «Tengo un talento natural para influir en las personas». ¿Qué mejor manera de demostrar la superioridad percibida respecto a uno mismo que convertirse en líder o jefe? Como es de esperar, los narcisistas tienen poco interés en trabajos convencionales, lo que incluye ser un simple empleado.

---

54. Klaus J. Templer, «Why Do Toxic People Get Promoted? For the Same Reason Humble People Do: Political Skill», *Harvard Business Review*, 10 de julio de 2018, https://hbr.org/2018/07/why-do-toxic-people-get-promoted-for-the-same-reason-humble-people-do-political-skill.

Cabe señalar algo importante. Las reglas del juego tienden a motivar a los narcisistas a subir la escalera de la organización. No hay ninguna explicación mejor para el hecho de que los narcisistas estén sobrerrepresentados en las filas de liderazgo de las organizaciones, y no solo en las empresas estadounidenses.

Una cosa está clara: si tu estrategia para atraer a personas a puestos de liderazgo es ofrecer paquetes de remuneración lucrativos, conceder títulos elegantes y celebrar el liderazgo como lo mejor de lo mejor del éxito de la carrera individual, inevitablemente, acabarás con muchos narcisistas en puestos de mando. Este resultado se ve exacerbado por la tendencia de las organizaciones a glorificar a los líderes heroicos y visionarios. Nadie puede competir con los narcisistas cuando se trata de formular y vender una visión pomposa y que redefinirá las reglas del juego.

A veces las organizaciones pueden pensar que no hay nada malo en tener a narcisistas en puestos de liderazgo. Es evidente que el aire de confianza suprema de los narcisistas puede inspirar y animar a los seguidores, y la investigación indica que un poco de narcisismo no es solo común, sino también beneficioso, entre los líderes de alto rendimiento[55]. Sin embargo, las organizaciones lideradas por narcisistas se enfrentan a dos problemas. Primero, los beneficios del narcisismo desaparecen en los tiempos difíciles y complejos, algo que debería esperar cada líder. Segundo, muchos líderes muestran mucho más que una pequeña cantidad de

---

55. Emily Grijalva *et al.*, «Narcissism and Leadership: A Meta-Analytic Review of Linear and Nonlinear Relationships», *Personnel Psychology* 68, n.º 1 (2015): 1–47, https://doi.org/10.1111/peps.12072.

narcisismo. Y, como habrás podido imaginar, normalmente, son hombres[56].

¿Por qué los hombres tienen más probabilidad de ser narcisistas? (Lo siento, chicos, lo dice la ciencia)

Los hombres muestran niveles más elevados de confianza y amor propio que las mujeres, y también son más narcisistas que ellas. Se trata de una versión extrema del mismo fenómeno. Por ejemplo, el predominio del narcisismo clínico es casi un 40% superior en hombres que en mujeres. Una explicación de este amor propio más elevado de los hombres es que, en general, son más narcisistas. Un reciente metaanálisis de 355 estudios y casi medio millón de individuos entre ocho y cincuenta y cinco años indicaba que la diferencia entre géneros en narcisismo está entre las mayores diferencias encontradas para cualquier rasgo psicológico[57].

Más concretamente, la investigación sugiere que las diferencias entre géneros en narcisismo están impulsadas por dos aspectos específicos en los que los hombres puntúan más alto que las mujeres. El primer aspecto es la dimensión del derecho explotativo que predice en consecuencia si el individuo tiene comportamientos que dañan a compañeros de trabajo y a la organización. Estos comportamientos incluyen robo, acoso, acoso sexual y *cyber-loafing* (fingir que

56. Emily Grijalva *et al.*, «Gender Differences in Narcissism: A Meta-Analytic Review», *Psychological Bulletin* 141, n.° 2 (2015): 261–310, https://doi.org/10.1037/a0038231.

57. *Ibidem.*

se trabaja mientras simplemente se está navegando por Internet). El segundo aspecto, el liderazgo o autoridad, explica por qué ciertos individuos es mucho más probable que se vean como líderes; y predice si es probable que estos líderes adopten un estilo autoritario y despótico cuando estén al mando.

¿Por qué los hombres son más narcisistas? Hay dos grandes teorías que proporcionan respuestas a esta pregunta. Desde el punto de vista de la evolución, se puede esperar que los hombres sean más narcisistas porque la selección sexual favorece la dominación, la competición y la búsqueda del estatus. Desde un punto de vista cultural, si históricamente los hombres han ocupado puestos más poderosos y deseables en la sociedad, se puede esperar que, en consecuencia, sean más asertivos y se crean que tienen más derechos.

Podemos comprobar la validez de estas teorías examinando cambios en las tasas de narcisismo a lo largo de los años. Si la teoría de la evolución es correcta, predeciría una diferencia por géneros bastante estática con el tiempo, ya que los cambios evolutivos tienden a tardar miles de años en desarrollarse. En cambio, si la explicación cultural es correcta, sería más probable que viéramos cambios en los índices de narcisismo durante las últimas décadas, puesto que nuestra sociedad se hace más igualitaria y hay más igualdad entre géneros. De hecho, sí que vemos estos cambios.

Los estudios metaanalíticos sugieren que las diferencias entre géneros en lo que respecta al narcisismo han disminuido durante las últimas décadas, sobre todo porque las mujeres han pasado a ser más narcisistas, y no porque los hombres lo sean menos. Este cambio reafirma el peligro de animar a las mujeres a mostrarse asertivas o a actuar más como los hombres para ascender la escalera de la empresa. Solamente les estamos invitando a reforzar un modelo de liderazgo problemático y a aumentar, en lugar de reducir, los índices actuales de incompetencia. Afortunadamente, decir a las mujeres que actúan de una forma más narcisista no les garantizará necesariamente un asiento en la mesa, teniendo en cuenta la reacción violenta todavía presente contra las líderes mujeres que actúan como narcisistas. Este comportamiento viola el estereotipo social de que las mujeres son más comunitarias, tiernas y desinteresadas. Instar a ser narcisista es, simplemente, un mal consejo. Sin embargo, lamentablemente, todavía no nos hemos dado cuenta de que las cualidades prosociales femeninas tradicionales son críticas para un liderazgo efectivo.

Otro elemento igualmente problemático es que los hombres rara vez son premiados por comportarse de forma más humilde, y tenemos demasiada tolerancia frente a líderes varones que se comportan como narcisistas[58]. Para apoyar esta afirmación, una serie de estudios realizados por Timothy Judge en la Universidad de Notre Dame y Beth Livingston de la Universidad de Cornell descubrieron que la carrera profesional de un hombre tiende a sufrir cuando este es amistoso, empático y agradable. Concretamente, los autores revelaron una asociación negativa general entre dichos rasgos y los ingresos, lo que implicaba que «los tíos majos y las chicas son los que llegan los últimos», a pesar de que ser agradable sea más problemático para los hombres[59]. Como la prima por ser egocéntrico es ma-

---

58. *Ibidem.*

59. Timothy A. Judge, Beth A. Livingston y Charlice Hurst, «Do Nice Guys—and Gals—Really Finish Last? The Joint Effects of Sex and Agreeableness on Income», *Journal of Personality and Social Psychology* 102, n.º 2 (2012): 390–407, https://doi.org/10.1037/a0026021.

yor para un hombre que para una mujer, la reacción pública ante los líderes narcisistas suele ser más negativa cuando se trata de mujeres (por ejemplo, Martha Stewart) que cuando son hombres (por ejemplo, Richard Branson). Pero resulta impactante que todavía haya un beneficio para los hombres y las mujeres que se comportan de formas indeseables.

¿Por qué los narcisistas no son buenos líderes?

Primero, una advertencia: la eficacia del liderazgo nace de muchas cualidades personales (y está limitada por cuestiones relacionadas con la situación). El narcisismo puede coexistir fácilmente con otros talentos. Si eres narcisista o trabajas para alguien que lo sea, seguro que sabes que los líderes narcisistas pueden tener un impacto positivo en sus seguidores y organizaciones.

Veamos el caso de Elon Musk: a todas luces, un hombre de éxito excepcional. Tras cofundar y vender PayPal, se puso a lanzar una serie de empresas con aspiraciones de cambiar el mundo respecto a la generación de energía, el transporte de personas y productos, la interfaz con las máquinas y la exploración de nuestro sistema solar. Estas empresas comparten una visión (búsqueda obsesiva) de un futuro más sostenible y resiliente para la humanidad y que se lleva a cabo a través de una mezcla de ingeniería brillante y pensamiento original. Por supuesto, el éxito definitivo de dichas empresas continúa siendo una cuestión pendiente; sin embargo, hasta ahora han desafiado las expectativas y han inspirado a millones de personas.

El talento de Musk para el espíritu emprendedor, definido como la capacidad para traducir ideas originales y útiles en innovaciones prácticas, es indudablemente extraordinario. Sin embargo, su reputación también tiene un lado narcisista, que se ha manifestado recientemente (bastante a menudo) en sus diatribas contra inversores, medios de comunicación y empleados, su presencia agresiva y errática en redes sociales y su incapacidad para aceptar las críticas de forma calmada y madura. Este patrón de comportamiento (y solamente me refiero a su imagen pública, y no insinúo que él pueda ser un narcisista ni hago un diagnóstico clínico) contrasta enormemente con la naturaleza humanística de su visión para un cambio positivo. Ese comportamiento menoscaba su brillante lado bueno. Incluso ha provocado que un artículo de opinión de un columnista del *New York Times* describa a Musk como «el Donald Trump de Silicon Valley».

Evidentemente, existe una larga historia de exitosos emprendedores, industriales y multimillonarios hechos a sí mismos que destacaron tanto por su talento y su logro como por su imagen pública excéntrica, difícil y volátil. Howard Hughes pasó la mayor parte de su vejez en un aislamiento total para no verse obligado a tener contacto con el público y exponerse a los gérmenes que tanto temía. John Paul Getty instaló una cabina telefónica que iba con monedas en su mansión para evitar subvencionar las llamadas telefónicas de sus invitados. Timothy Armstrong, CEO de AOL, despidió a un ejecutivo en una conferencia telefónica después de que este sacara una foto de Armstrong para la intranet. Y ya hemos mencionado en este capítulo a Steve Jobs, el ejemplo más famoso.

En resumen, es más probable que las tendencias narcisistas sean escollos y no ayudas en tu camino al liderazgo. Además, tienen efectos particularmente negativos a largo plazo en otras personas.

Al principio, los narcisistas puede que sean encantadores con los demás. Sin embargo, esa primera impresión suele deteriorarse al final. Por ejemplo, en un estudio reciente, se recogieron datos longitudinales de 175 tiendas minoristas de los Países Bajos, durante tres años[60]. Los resultados mostraron que cuanto más conocían e interactuaban los empleados con sus jefes, más negativamente veían los empleados a los jefes con puntuaciones más altas en narcisismo. Es decir, mientras los jefes tuvieran interacciones limitadas con los empleados, su narcisismo no se traducía automáticamente en una reputación negativa. Sin embargo, era mucho menos probable que los narcisistas mantuvieran una buena imagen con los empleados tras interacciones prolongadas con ellos. Estos resultados son consecuentes con muchos estudios que señalan que puede ser particularmente difícil para los narcisistas mantener relaciones a largo plazo.

Cualquiera que piense en emular a Steve Jobs para convertirse en el próximo emprendedor superestrella probablemente será considerada una persona incapacitada para tener un empleo, y no un genio de los negocios. El hecho de que Steve Jobs fuera despedido de su propia empresa no es un caso extraordinario. Les pasa a muchos emprendedores, a menudo porque precisamente la gente que se siente obligada a crear su propia empresa es la misma a la que le cuesta trabajar bien en empresas de otras personas.

---

60. Barbara Nevicka *et al.*, «Narcissistic Leaders: An Asset or a Liability? Leader Visibility, Follower Responses, and Group-Level Absenteeism», *Journal of Applied Psychology* 103, n.º 7 (2018): 703–723; https://doi.org/10.1037/apl0000298.

En cualquier caso, la cuestión clave no es qué efecto tiene el narcisismo en los propios líderes, sino cómo afecta a todos los demás. Y, en este punto, las pruebas de la investigación son de lo más convincente, y sugieren que las organizaciones están mucho mejor cuando minimizan el número de narcisistas en puestos de liderazgo. Hay tres grandes motivos para esta recomendación.

Primero, los narcisistas tienen una tendencia mucho mayor a comportamientos contraproducentes y antisociales en el trabajo, como acoso, fraude, delitos de guante blanco y acoso sexual. Y, teniendo en cuenta la naturaleza contagiosa de esos comportamientos tóxicos, es más probable que también sus equipos y sus organizaciones incurran en estas actividades poco éticas y destructivas[61].

Esta investigación es anterior a la reciente explosión de denuncias de acoso que inició el movimiento #MeToo, que es solamente un síntoma nuevo del mismo antiguo fenómeno: los líderes narcisistas (normalmente, hombres) que abusan de su poder en provecho propio y acaban haciendo daño no solamente a sus víctimas sino también a sus organizaciones. Por ejemplo, Harvey Weinstein, el fundador de los estudios Miramax y uno de los productores con más éxito y poder de Hollywood. Es indudable que Weinstein tiene una mente brillante, ya que ha sido responsable de películas como *Pulp Fiction*, *Gangs of New York* y *Juego de lágrimas*. Sin embargo, su lado oscuro se convirtió en un problema que fue objeto de debate público en octubre de 2017, cuando, en solamente un

---

61. Virgil Zeigler-Hill *et al.*, «The Dark Triad and Sexual Harassment Proclivity», *Personality and Individual Differences* 89 (2016): 47–54, https://doi.org/10.1016/j.paid.2015.09.048.

mes, ochenta mujeres presentaron denuncias por abuso sexual contra él, desde acoso sexual hasta agresión sexual y violación. Es evidente que no todos los narcisistas van a tener este u otros comportamientos criminales, pero cuando lo hacen líderes poderosos y de éxito, a menudo es porque son narcisistas.

Segundo, a pesar de que los narcisistas en general funcionan perfectamente bien justo después de ser ascendidos a un puesto de liderazgo, este período «luna de miel» normalmente corto va seguido de una fase mucho más sombría. Por ejemplo, los líderes narcisistas, sobre todo los que son CEO, cobran más que sus homólogos, y también es más probable que empujen a sus organizaciones a hacer adquisiciones extravagantes y otras inversiones sin, por desgracia, producir un mayor rendimiento de la inversión[62].

Pese a todo el atractivo inicial de sus grandes visiones, los líderes narcisistas también tienden a tener dificultades con la ejecución, por lo que no es probable que cumplan sus grandes planes. En parte, porque el egocentrismo limita su capacidad de ganarse a los demás, a los narcisistas les cuesta que los demás suban al carro cuando se trata de transformar planes ambiciosos en una realidad concreta. Estos déficits interpersonales impiden que los líderes narcisistas construyan y mantengan equipos y organizaciones de alto rendimiento.

Un buen líder se lleva bien con los compañeros y con los miembros del equipo para ayudarles a superar a los equipos

62. Nihat Aktas *et al.*, «CEO Narcissism and the Takeover Process: From Private Initiation to Deal Completion», *Journal of Financial and Quantitative Analysis* 51, n.º 1 (2016): 113–137, https://doi.org/10.1017/S0022109016000065.

y las organizaciones de la competencia. En cambio, un líder narcisista avanza dentro de su propio equipo. Este tipo de líder se convierte en un lobo solitario en el mejor de los casos, y en un parásito en el peor.

Tercero, incluso cuando una organización es consciente de estos problemas, no son fáciles de solucionar una vez que un narcisista ocupa un puesto de liderazgo. El narcisismo de una persona cambia poco con el tiempo, así que no podemos limitarnos a esperar a que los líderes narcisistas mejoren. Los estudios han descubierto que se pueden predecir los niveles de narcisismo de los adultos a partir de mediciones hechas durante la infancia, incluso en niños de solamente cuatro años. Además, existe un componente hereditario del narcisismo igual que en cualquier otro rasgo psicológico o físico[63].

Un líder narcisista es notablemente menos susceptible de *coaching*, sobre todo por su resistencia exacerbada al *feedback* negativo. Enseguida culpa a los demás de sus propios errores y se atribuye el mérito de los logros de otras personas. En el caso improbable de que los narcisistas presten atención a las críticas, normalmente responderán de forma agresiva y tomarán represalias en lugar de utilizar ese *feedback* para mejorar. Peor aún, estas tendencias se agravan debido a la naturaleza impulsiva de los narcisistas. Debido a su pobre autocontrol, los narcisistas tienen dificultades para mantener cualquier iniciativa de desarrollo o superación personal.

---

63. Frederick L. Coolidge, Linda L. Thede y Kerry L. Jang, «Heritability of Personality Disorders in Children: A Preliminary Investigation», *Journal of Personality Disorders* 15, n.° 1 (2001): 33–40, https://doi.org/10.1521/pedi.15.1.33.18645.

Cuando a alguien le presentan un *feedback* crítico y preciso sobre su rendimiento, en general, esa persona puede aprender a inhibir aspectos contraproducentes o indeseables de su personalidad. Uno debe estar dispuesto a hacerlo y debe ser capaz de interiorizar que ese *feedback* aumenta su autoconciencia. Pero es mucho menos probable que aparezcan estas actitudes y capacidades en el caso de los narcisistas.

¿Por qué amamos a los psicópatas?

Veamos ahora el otro gran rasgo del lado oscuro. La psicopatía suele conectarse con el liderazgo, sobre todo en el caso de líderes políticos y empresariales famosos. A diferencia del narcisismo, que está generalizado, la psicopatía no es frecuente. Sin embargo, pocos rasgos de carácter tóxicos han atraído tanta fascinación pública y de los medios de comunicación como la psicopatía, pese a que se piense que solamente alrededor de un 1% de la población general tiene tendencias psicopáticas.

Quizás parte de nuestra obsesión con los psicópatas se deba a que parecen tener éxito a un ritmo desproporcionado. Como bien señaló el profesor Robert Hare, pionero en el campo de la psicología criminal y coautor del influyente libro *Snakes in Suits*, «no todos los psicópatas están en la cárcel, algunos están en el consejo de administración»[64]. De acuerdo con las estimaciones que indica en un estudio

---

64. Robert D. Hare, «The Predators Among Us», discurso principal, Reunión general anual de la Asociación de Policía de Canadá, St. John's, Terranova y Labrador, 27 de agosto de 2002.

posterior, hay tres veces más psicópatas en puestos de gestión que entre la población general[65]. Más recientemente, se ha señalado una cifra muy superior de alrededor del 20% (uno de cada cinco) de otra muestra de las empresas estadounidenses[66]. Este rango amplio en la variabilidad refleja cómo mide la psicopatía la gente, pero los niveles de psicopatía aumentan con los niveles de éxito en la carrera profesional.

¿Qué hace que alguien sea un psicópata? El rasgo más notable es la falta de inhibición moral, que, en un extremo, se manifiesta como fuertes tendencias antisociales y un deseo intenso de infringir las normas, aunque solo sea por hacerlo sin más. Cuando los psicópatas infringen las normas, no se sienten culpables ni sienten remordimiento que les haga evitar repetir lo que hayan hecho.

La gente que tiene tendencias psicopáticas es más probable que muestre un comportamiento temerario. Por ejemplo, los psicópatas tienen más tendencia a beber, fumar, drogarse y tener relaciones sexuales promiscuas y aventuras extramatrimoniales[67]. Es evidente que no todos los adictos a la adrenalina son psicópatas, pero la gran mayoría de los psicópatas buscan emociones fuertes y su poca

---

65. Paul Babiak, Craig S. Neumann y Robert D. Hare, «Corporate Psychopathy: Talking the Walk», *Behavioral Sciences and the Law* 28, n.º 2 (2010): 174–193, https://doi.org/10.1002/bsl.925.

66. Sociedad Psicológica Australiana, «Corporate Psychopaths Common and Can Wreak Havoc in Business, Researcher Says», comunicado de prensa, 13 de septiembre de 2016, www.psychology.org.au/news/media_releases/13September2016/Brooks.

67. Farah Ali y Tomás Chamorro-Premuzic, «The Dark Side of Love and Life Satisfaction: Associations with Intimate Relationships, Psychopathy and Machiavellianism», *Personality and Individual Differences* 48, n.º 2 (2010): 228–233, https://doi.org/10.1016/j.paid.2009.10.016.

preocupación por el peligro los pone en riesgo a ellos y a los demás.

El tercer rasgo característico de los psicópatas es su falta de empatía. No les importa lo que piensen o sientan los demás, aunque sean capaces de comprender esos sentimientos[68]. En consecuencia, los psicópatas son conocidos por su temperamento frío. La falta de empatía probablemente sea una causa principal de su carencia de límites morales; evidentemente, es mucho más difícil comportarse de una forma prosocial cuando no te importa la gente.

Sin embargo, quizás más que cualquier otro rasgo del lado oscuro, la psicopatía también tiene una cara socialmente deseable. Eso hace que sea un arma para la carrera profesional irresistible e importante, sobre todo cuando la persona también es inteligente o atractiva. No es que los psicópatas sean necesariamente más atractivos o inteligentes que los demás, sino que cuando tienen esas dos características atrayentes, sin duda, son mucho más destructivos.

Algunas pruebas que sugieren una asociación positiva entre psicopatía y capacidad verbal explican por qué los psicópatas suelen ser bastante elocuentes y persuasivos[69]. Otras cualidades positivas asociadas con la psicopatía incluyen una resiliencia superior al estrés, tanto para permanecer calmado frente a la presión como para recuperarse de un revés,

68. Farah Ali y Tomás Chamorro-Premuzic, «Investigating Theory of Mind Deficits in Nonclinical Psychopathy and Machiavellianism», *Personality and Individual Differences* 49, n.º 3 (2010), https://doi.org/10.1016/j.paid.2010.03.027.

69. Sarah Francis Smith y Scott O. Lilienfeld, «Psychopathy in the Workplace: The Knowns and Unknowns», *Aggression and Violent Behavior* 18, n.º 2 (2013): 204–218, https://doi.org/10.1016/j.avb.2012.11.007.

y la capacidad para encauzar estratégicamente tendencias agresivas. Por ejemplo, James Bond, a pesar de que rara vez sea descrito como un psicópata, muestra muchos de estos rasgos de libro. Libera su agresividad y falta de empatía siendo un asesino despiadado en nombre del Gobierno británico y acostándose con las mujeres de sus enemigos (esto último, en nombre de sí mismo).

Muchos rasgos de carácter que se celebran salvajemente, como ser valiente y asumir riesgos, suelen coexistir con tendencias psicopáticas. Por ejemplo, durante el último y enorme tsunami que devastó Tailandia, un empresario australiano se convirtió en un héroe instantáneo en los medios de comunicación por haber salvado él solo la vida de veinte personas. Sin embargo, posteriormente trascendió que era el mismo individuo que había sido un fugitivo de la policía australiana durante años por haber sido acusado de agresión y robo[70]. Un caso parecido fue el del bombero británico al que concedieron una medalla de honor por sus acciones heroicas durante el ataque terrorista de Londres de 2005, cuando arriesgó la vida para salvar a los pasajeros del autobús de la bomba, que ahora cumple una sentencia de catorce años por su participación en un cártel de cocaína de 135 millones de dólares[71].

Un aspecto incluso más letal de los psicópatas es su tendencia a parecer encantadores y carismáticos, cosa que, junto a sus magistrales habilidades para el engaño y autopromoción, explica

---

70. NBC News, «Tsunami Hero Arrested in Australia», NBCNews.com, 3 de enero de 2005, http://www.nbcnews.com/id/6783310/ns/world_news-tsunami_a_year_later/t/tsunami-hero-arrested-australia/#.W4G.

71. Sarah Francis Smith *et al.*, «Are Psychopaths and Heroes Twigs Off the Same Branch? Evidence from College, Community, and Presidential Samples», *Journal of Research in Personality* 47, n.º 5 (2013): 634–646, https://doi.org/10.1016/j.jrp.2013.05.006.

cómo consiguen emerger como líderes. El carisma explica principalmente el predominio de líderes que son psicópatas. No todas las personas carismáticas son psicópatas, pero una gran proporción de psicópatas irradian carisma, definido como la tendencia a ser percibido como encantador, agradable y carismático (en el próximo capítulo hablaremos con más detalle del carisma).

A pesar de que la psicopatía no sea exclusiva de los hombres, es mucho más común en hombres que en mujeres[72]. Pese a que existan pocos estudios sobre las diferencias entre géneros en psicopatía, las pruebas que tenemos sugieren que la psicopatía es tres veces más probable en hombres que en mujeres, una diferencia que ya se percibe durante la adolescencia[73]. Este patrón es consecuente con la mayor frecuencia de comportamientos antisociales en los hombres[74]. En todo el mundo encontramos a muchos más hombres que mujeres en la cárcel, y muchos más hombres tienen comportamiento violento, de acoso, ciberacoso y otros tipos de acoso, de agresión abierta y comportamientos temerarios que les afectan a ellos y a otras personas, como accidentes de tráfico mortales. Todas estas diferencias entre hombres y mujeres deberían dar como resultado una preferencia natural por tener líderes que

---

72. J. E. Rogstad y R. Rogers, «Clinical Psychology Review Gender Differences in Contributions of Emotion to Psychopathy and Antisocial Personality Disorder», *Clinical Psychology Review* 28, n.º 8 (2008): 1472–1484, https://doi.org/10.1016/j.cpr.2008.09.004.

73. Serena Borroni *et al.*, «Psychopathy Dimensions, Big Five Traits, and Dispositional Aggression in Adolescence: Issues of Gender Consistency», *Personality and Individual Differences* 66 (2014): 199–203, https://doi.org/10.1016/j.paid.2014.03.019.

74. Ellison M. Cale y Scott O. Lilienfeld, «Sex Differences in Psychopathy and Antisocial Personality Disorder: A Review and Integration», *Clinical Psychology Review* 22 (2002): 1179–1207, https://doi.org/10.1016/S0272-7358(01)00125-8.

sean mujeres, pero nuestra incapacidad para resistirnos al encanto de los psicópatas tiene el efecto contrario.

Cuando los psicópatas lideran

Alexander Nix es fundador y ex-CEO de Cambridge Analytica, una empresa de consultoría política que tuvo un papel importante para determinar los resultados de las últimas elecciones presidenciales de Estados Unidos y el referéndum del Brexit. Tras un ascenso meteórico a la fama, con el que ganó la reputación de pionero, inconformista y estrella del rock del mundo del marketing digital, Nix fue grabado por un periodista que iba de incógnito mientras el entonces CEO hacía una presentación de ventas en la que ofrecía facilitar incitaciones a la comisión de delitos, sobornos y trabajadoras sexuales. Naturalmente, los medios de comunicación y el público se quedaron de piedra y aquello condujo a la suspensión de Nix como CEO. Sin embargo, rasgos como la asunción de riesgos de forma temeraria, la codicia y un débil sentido de la moralidad son útiles si quieres hacerte, ilegalmente, con setenta millones de perfiles en Facebook para bombardearlos con noticias falsas y alterar los resultados de las elecciones principales. La empresa se declaró en bancarrota en mayo de 2018, pero no antes de que Nix, presuntamente, se retirara con un paracaídas dorado de 8 millones de dólares[75].

¿Qué ocurre una vez que los psicópatas están al mando? ¿Cómo liderarán y qué efectos tendrán en sus seguidores,

---

75. Aliya Ram y Cynthia O'Murchu, «Cambridge Analytica Chief Accused of Taking $8M Before Collapse», *Financial Times*, 5 de junio de 2018, www.ft.com/content/1c8a5e74-6901-11e8-8cf3-0c230fa67aec.

subordinados y organizaciones? Aunque los psicópatas lleguen a líderes por su carisma, en cuanto están en puestos de liderazgo es menos probable que inspiren a los demás o que influyan de alguna otra forma en sus subordinados. Lo que hacen es funcionar de forma pasiva, sin cumplir tareas de gestión básica como evaluar el rendimiento, dar un *feedback* preciso, recompensar a los empleados y responsabilizar a los equipos de lograr metas[76]. En resumen, la psicopatía ofrece pocas ventajas para el liderazgo efectivo; la mayoría de los psicópatas son incompetentes como líderes.

Los psicópatas suelen tener un rendimiento general pobre en el trabajo, en gran parte debido a su falta de diligencia, a su desdén por las fechas límite y los procesos y al hecho de no asumir responsabilidades[77]. Esta serie de comportamientos problemáticos en el trabajo explica por qué los psicópatas que lideran son puntuados más negativamente tanto por sus jefes como por sus colaboradores directos. Incluso cuando son percibidos como gente de fiar, hay varias señales de alarma que predecirán un rendimiento de liderazgo inferior. Dichas señales de alarma incluyen la incapacidad de construir y motivar a miembros del equipo, la falta de voluntad para aceptar culpa y responsabilidad, la falta de seguimiento y la imprevisibilidad impulsiva[78].

---

76. Cynthia Mathieu *et al.*, «Corporate Psychopathy and the Full-Range Leadership Model», *Assessment* 22, n.º 3 (2015): 267–278, https://doi.org/10.1177/1073191114545490.

77. Ernest H. O'Boyle *et al.*, «A Meta-Analysis of the Dark Triad and Work Behavior: A Social Exchange Perspective», *Journal of Applied Psychology* 97, n.º 3 (2012): 557–579, https://doi.org/10.1037/a0025679.

78. Paul Babiak, Craig S. Neumann y Robert D. Hare, «Corporate Psychology: Talking the Walk», *Behavioral Sciences and the Law* 28 (2010): 174–193, https://doi.org/10.1002/bsl.925.

Asimismo, existen pruebas sólidas que relacionan la psicopatía con estilos de liderazgo menos considerados y más «*laissez-faire*», que, en general, son incompetentes. Los equipos liderados por psicópatas se implican mucho menos y, a la vez, tienen más probabilidades de quemarse y rendir poco[79].

Los psicópatas que son líderes crean muchos de los mismos problemas que los narcisistas en las organizaciones. Por ejemplo, un gran problema al elegir a un psicópata para un papel de liderazgo se refiere a sus comportamientos antisociales y contraproducentes en el trabajo. Los más comunes son robo, *cyber-loafing* (fingir que se trabaja mientras simplemente se está navegando por Internet), absentismo y acoso. Un reciente metaanálisis muestra que los psicópatas es mucho más probable que incurran en estas y otras actividades que perjudican a sus compañeros, equipos y organizaciones[80]. Por lo visto, el encanto superficial de los líderes psicópatas, como el de los narcisistas, dura poco, y pasa rápido del carisma del principio a un comportamiento desagradable y poco fiable al final.

Resulta interesante que la relación entre psicopatía y trabajo problemático tiende a debilitarse en los niveles sénior más elevados. Aunque esta observación pueda sugerir que los psicópatas líderes son más capaces de inhibir sus tendencias destructivas cuando llegan a lo más alto, puede que los

---

79. Cynthia Mathieu *et al.*, «A Dark Side of Leadership: Corporate Psychopathy and Its Influence on Employee Well-Being and Job Satisfaction», *Personality and Individual Differences* 59 (2014): 83–88, https://doi.org/10.1016/j.paid.2013.11.010.

80. O'Boyle *et al.*, «Dark Triad and Work Behavior».

poderosos sean más capaces de irse de rositas cuando se portan mal, o simplemente, no los pillan.

Asimismo, la investigación sugiere que el grado de comportamientos antisociales y contraproducentes de los psicópatas líderes puede que dependa en parte de cuánto se identifiquen esos líderes con sus organizaciones. Cuando los líderes sienten una conexión estrecha con sus empresas, se comportan mejor y viceversa. Además, ciertas culturas suscitan comportamientos que son más tóxicos que otros, y no solo para los psicópatas. Es interesante que las culturas tóxicas puedan ser consideradas el producto de líderes psicópatas, porque los líderes tienden a crear culturas a su imagen y semejanza. En ese sentido, la psicopatía se perpetúa a sí misma. Cuando los psicópatas gobiernan, crean culturas tóxicas que incubarán incluso mayores cifras de líderes psicópatas que, a su vez, crecerán igual que las bacterias y los parásitos crecen en entornos contaminados.

Un estudio reciente de Michael Housman, de Cornerstone OnDemand, y de Dylan Minor, en la Kellogg School of Management de la Northwestern University, comparaba los beneficios económicos de eliminar a los trabajadores tóxicos de una organización y los beneficios de añadir empleados de alto rendimiento[81]. Extrajeron un conjunto impresionante de datos, que incluían a más de cincuenta mil empleados de once empresas que representaban varios tipos de organizaciones y varios sectores comerciales. Housman y Minor observaron una amplia gama de malos comportamientos (por ejemplo, acoso sexual, violencia en el lugar de trabajo y fraude).

---

81. Michael Housman y Dylan Minor, «Toxic Workers», documento de trabajo 16-047, Harvard Business School, Boston, 2015, 1–29.

Su análisis reveló que la ventaja media de despedir a trabajadores tóxicos es alrededor de cuatro veces superior a la de añadir a un buen empleado a la organización. Cabe señalar que, aunque las empresas pudieran atraer a un empleado superestrella (alguien en el 1% superior del rendimiento en un trabajo), deshacerse de un trabajador tóxico sería dos veces más beneficioso desde el punto de vista financiero. Y este beneficio es sin contar los daños colaterales probables, como litigios, sanciones reglamentarias y baja en la moral de los empleados. Si la reacción en cadena del mal comportamiento es tan fuerte en el caso de los empleados, imagínate cómo será para los líderes, que afectan a muchas más personas de la organización.

Cómo detectar a los psicópatas antes de ascenderlos

«Él nunca era la persona más encantadora de la sala —contaba la escritora Diana Henriques al entrevistador de la NPR Terry Gross—, sino que te hacía sentir que eras tú la persona más encantadora. La magia de su personalidad es lo fácil que es creerle, casi tanto como quieras creerle[82].»

Henriques hablaba con Gross sobre Bernie Madoff, y el tema era *The Wizard of Lies,* su último libro. Madoff había sido uno de los inversores más admirados de Wall Street, considerado por los expertos un inconformista financiero comparable a Warren Buffett. Madoff, que creció en un ambiente modesto y tuvo una educación mediocre, fundó un

---

82. Diana B. Henriques, «Examining Bernie Madoff, "The Wizard of Lies"», *Fresh Air*, NPR, 26 de abril de 2011, www.npr.org/2011/04/26/135706926/examining-bernie-madoff-the-wizard-of-lies.

negocio bursátil de acciones con un capital de solo 5.000 dólares en 1960. Al principio lo hizo crecer gracias a las conexiones y el dinero de su suegro. Para competir con grandes empresas de inversión, fue pionero en el uso de difusión de la información informatizada, una innovación tecnológica que más adelante se transformaría en la base del NASDAQ. Él se convirtió en el presidente sin cargo ejecutivo de este índice.

El resto de la historia se conoce de sobras: Madoff creó la mayor estafa piramidal y el mayor fraude financiero de la historia, en el que se llevó 65.000 millones de dólares de cuatro mil ochocientos clientes. En 2009 se declaró culpable de once delitos federales, entre los que se incluían robo, fraude bursátil y blanqueo de dinero, y fue sentenciado a ciento cincuenta años de cárcel. A pesar de que la escala de los delitos de Madoff no tenga precedentes, lo que parece más extraordinario es que un destacado líder corporativo esté cumpliendo condena en prisión, lugar en el que lo entrevistó Diana Henriques. Normalmente, los que son como Madoff son demasiado grandes para caer.

Como es de esperar para un rasgo que una vez fue descrito como «la máscara de la cordura», la psicopatía no es fácil de detectar para un lego en la materia[83]. Por esta razón, se debe estar alerta ante los riesgos potenciales de basar las decisiones de contratación en interacciones a corto plazo con los candidatos. De hecho, teniendo en cuenta su naturaleza engañosa, actitud intrépida, simpatía

---

83. Adrian Furnham, Yasmine Daoud y Viren Swami, «"How to Spot a Psychopath": Lay Theories of Psychopathy», *Social Psychiatry and Psychiatric Epidemiology* 44, n.º 6 (2009): 464–472, https://doi.org/10.1007/s00127-008-0459-1.

a corto plazo y hábil manejo de impresiones, se puede esperar que a los psicópatas les vaya bastante bien la entrevista de trabajo[84]. Pero igual que no te casarías con alguien después de una primera cita, no deberías seleccionar a una persona para un papel de liderazgo solamente por su actuación durante una entrevista. Porque es exactamente eso, una actuación.

Los psicópatas son difíciles de detectar, pero puedes evaluar la psicopatía de un líder y, al mismo tiempo, predecir los efectos que tendrá él o ella en sus subordinados. ¿Cómo? Simplemente, puedes pedir a dichos subordinados que puntúen a su jefe respecto a indicadores críticos de psicopatía. Por ejemplo, en un estudio, los empleados tenían que evaluar aspectos de personalidad de sus jefes como «puede reírse de cualquiera», «le gusta ser perturbador» y «no es sincero»[85].

Los científicos han desarrollado evaluaciones concisas de psicopatía, como la prueba de la tríada oscura de la personalidad (Short Dark Triad)[86]. Solamente con quince declaraciones sobre uno mismo, puedes tener una idea clara del nivel de psicopatía individual. Estas son algunas de las declaraciones:

Me gustan las emociones fuertes.

---

84. O'Boyle *et al.*, «Dark Triad and Work Behavior».

85. Cynthia Mathieu y Paul Babiak, «What Are the Effects of Psychopathic Traits in a Supervisor on Employees Psychological Distress?», *Journal of Organizational Culture, Communications and Conflict* 16, n.º 2 (2012): 81–85.

86. Daniel N. Jones y Delroy L. Paulhus, «Introducing the Short Dark Triad (SD3): A Brief Measure of Dark Personality Traits», *Assessment* 21, n.º 1 (2013): 28–41, https://doi.org/10.1177/1073191113514105.

Me gusta vengarme de las autoridades.

Nunca me siento culpable.

La gente que se mete conmigo siempre lo lamenta.

Está claro que las personas que hacen el test pueden falsear sus respuestas para parecer menos psicópatas y presentar un aspecto más prosocial y conformista de su personalidad. Sin embargo, esa declaración falsa no sucede con una frecuencia suficiente para invalidar este test. De hecho, las personas que tienen tendencias psicopáticas parecen orgullosas de responder honestamente o, como mínimo, son demasiado desafiantes para ocultar sus opiniones, quizás porque no se sienten culpables por tener esa personalidad o porque les importa poco lo que piensen los demás de ellos.

En cualquier caso, los estudios también han arrojado luz sobre varias medidas pasivas de la psicopatía, como la actividad en redes sociales y las huellas digitales. Con estas medidas no tenemos que confiar exclusivamente en las declaraciones sobre sí mismos para deducir sus inclinaciones psicópatas. Por ejemplo, en un estudio se vio que el número de *selfies* que la gente ponía en redes sociales indicaba de manera fiable su nivel de psicopatía[87]. La psicopatía también se puede detectar en el lenguaje, ya que los psicópatas hablan y escriben de una forma más dominante y coercitiva y

---

87. Jesse Fox y Margaret C. Rooney, «The Dark Triad and Trait Self-Objectification As Predictors of Men's Use and Self-Presentation Behaviors on Social Networking Sites», *Personality and Individual Differences* 76 (2015): 161–165, https://doi.org/10.1016/j.paid.2014.12.017.

expresan más agresión e irritabilidad[88]. Por ejemplo, la tendencia a decir palabrotas es un indicador de psicopatía elevada. Otro rasgo lingüístico asociado a la psicopatía es la propensión a hablar sobre poder, dinero, sexo y necesidades físicas, mientras que los individuos con niveles de psicopatía menor tienden a hablar más acerca de familia, amigos y espiritualidad[89]. En resumen, disponemos de numerosas señales intuitivas para detectar a personas que tienen tendencias psicopáticas. Para parafrasear a Freud, «a veces, un cigarro es solo un cigarro».

---

88. Johann Endres, «The Language of the Psychopath: Characteristics of Prisoners' Performance in a Sentence Completion Test», *Criminal Behavior and Mental Health* 14, n.º 3 (2004): 214–226, https://doi.org/10.1002/cbm.588.

89. Bill Steele, «The Words of Psychopaths Reveal Their Predatory Nature», *Cornell Chronicle*, 17 de octubre de 2011, http://news.cornell.edu/stories/2011/10/words-psychopaths-reveal-their-predatory-nature.

4
El mito del carisma

Se despierta todos los días entre las 06.00 y las 06.30 en su modesto apartamento. Después de las noticias, prepara el desayuno para ella y su marido a eso de las 08.00. A las 09.00 se dirige al despacho, donde se reúne con su equipo y comenta los asuntos que hay que tratar ese día. Las reuniones empiezan aproximadamente a las 09.30 y, como ella las preside, invita a su equipo a debatir de forma tranquila y basada en datos, adoptando el papel de moderadora. Más tarde va a una comida de trabajo y, después, a más reuniones con partes interesadas internas y externas. Dedica la mayor parte de la tarde a prepararse para las siguientes citas y a preparar varias presentaciones. Vuelve a casa a eso de las 22.00 y a medianoche ya está en la cama[90].

Para dirigir la cuarta economía más grande del mundo, Angela Merkel vive una vida anodina. Y, a diferencia de la mayoría de los líderes políticos del mundo, hay poco alboroto o controversia sobre ella, y aún menos escándalos. A pe-

---

90. Adaptado de Linda L. Carli y Alice H. Eagly, «Leadership and Gender», en *The Nature of Leadership*, ed. John Antonakis y David V. Day, 2.ª ed., SAGE, Thousand Oaks, CA, 2012, 437–476.

sar de tener la reputación de jefe de Estado más competente de los últimos tiempos y ser líder *de facto* de la Unión Europea, probablemente no se hagan películas sobre Merkel, que en 2017 fue elegida canciller alemana por cuarta vez consecutiva.

Al igual que Merkel, los líderes empresariales más efectivos del mundo no son conocidos exactamente por su carisma. Pero nos cuesta prestarles atención y recordarlos, precisamente por su discreción. Nos resulta mucho más fácil concentrarnos y recordar a los líderes escandalosos que destacan por, bueno, ¡por llamar la atención! Jim Collins, un influyente asesor de gestión empresarial, proporcionó pruebas conclusivas en apoyo a este argumento. Escrutó con cuidado las características de los CEO de las empresas que habían superado a sus rivales del sector y el mercado durante los últimos años. Su análisis mostró que los CEO más efectivos no eran carismáticos sino notablemente persistentes y humildes. No sobresalían en la autopromoción, sino en alimentar el talento de sus equipos. En lugar de aspirar a una posible segunda carrera como cómicos de monólogos o estrellas de *reality shows* de la tele, estos líderes efectivos trabajaban para hacer que brillaran otras personas y sobre todo gente que trabajaba junta como un equipo de alto rendimiento. A pesar de que estos líderes estén infrarrepresentados en nuestra memoria colectiva y en Internet (busca en Google Imágenes «líder humilde» y verás cuántas figuras reconoces), evidentemente hay muchos ejemplos de la vida real que deberíamos recordar.

Veamos a varios ejecutivos que ilustran a la perfección el perfil que comenta Collins de líder tranquilo y humilde. Puede que no hayas oído hablar de la mayoría de ellos. Al igual que Merkel, es poco probable que Hollywood haga una película sobre su vida.

Amancio Ortega, fundador y presidente del imperio de la moda Zara y la persona más rica de Europa, en pocas ocasiones habla en público o acepta premios. En uno de los contados artículos sobre él, *The Economist* señaló que «hay tan pocas fotos sobre él antes de la salida a Bolsa que los inversores que lo visitaron lo confundieron torpemente con otra persona»[91].

El fundador de IKEA, Ingvar Kamprad, según se dice, tenía 25.000 millones de dólares antes de morir en 2018. Sin embargo, vivía en una casa modesta, conducía un Volvo de 1993, se compraba la ropa en mercadillos y nunca viajaba en primera clase[92].

Mary Barra es la CEO de General Motors, empresa en la que empezó a trabajar a los dieciocho años. A pesar de ser la ejecutiva más poderosa del mundo y la primera mujer que es CEO de una empresa automovilística, está orientada al consenso y al equipo y su personalidad ha sido descrita como «vainilla» y «tranquila»[93]. De acuerdo con Joann Muller, de *Forbes*, Wall Street aclamó a Barra por lograr más en tres años que la mayoría de los CEO en treinta; con ella

91. «Behind the Mask of Zara: The Management Style of Amancio Ortega», *The Economist*, 17 de diciembre de 2016, https://www.economist.com/business/2016/12/17/the-management-style-of-amancio-ortega.

92. «Self-Made Man. Obituary: Ingvar Kamprad Died on January 27th», *Economist*, 8 de febrero de 2018, https://www.economist.com/obituary/2018/02/08/obituary-ingvar-kamprad-died-on-january-27th.

93. Jena McGregor, «The Rundown on Mary Barra, First Female CEO of General Motors», *Washington Post*, 10 de diciembre de 2013, www.washingtonpost.com/news/on-leadership/wp/2013/12/10/the-rundown-on-mary-barra-first-female-ceo-of-general-motors/?utm_term=.bf017ee125e3.

como líder, General Motors ha disfrutado de tres años de ingresos récord[94].

Zhou Qunfei, fundadora de Lens Technology, que fabrica pantallas de teléfonos inteligentes (probablemente la tuya, si tienes un Apple o un Samsung) es la mujer más rica del mundo que se haya forjado su propia fortuna y la mujer más rica de China. Zhou creció en una familia pobre y agrícola en la China rural y dejó la escuela a los dieciséis años para empezar a trabajar en una fábrica, donde ahorró dinero suficiente para empezar su propio negocio. A pesar de sus logros extraordinarios, es bien sabido que evita a los medios de comunicación y atribuye su éxito al trabajo duro y a un deseo incesante de aprender. Es decir, una cualidad más silenciosa y crítica que el carisma.

Los efectos del liderazgo humilde tienden a llegar a todos los niveles de la organización, con lo que estos líderes se convierten en verdaderos *modelos a imitar*. Estos efectos han sido demostrados en estudios recientes de Brad Owens, de la Marriott School of Business en la Brigham Young University, y David Hekman, de la Leeds School of Business de la Universidad de Colorado. Cuando los líderes se comportan de una forma humilde, los empleados emulan ese comportamiento y se muestran más modestos, admiten errores, atribuyen el mérito también a otras personas y son más receptivos a las ideas y el *feedback* de otros. Utilizando datos de 607 individuos agrupados en 161 equipos (tanto en laboratorios como en entornos de trabajo reales), los autores de-

---

94. Joann Muller, «Marry Barra Is Running GM with a Tight Fist and an Urgent Mission», *Forbes*, 2 de mayo de 2017, https://www.forbes.com/sites/joannmuller/2017/05/02/mary-barra-is-running-gm-with-a-tight-fist-and-an-urgent-mission/#5b515741bdb0.

mostraron un efecto de contagio social en el caso de los líderes humildes, lo que mejoró los comportamientos desinteresados y de colaboración en sus seguidores y, a su vez, en el rendimiento del equipo[95].

El encanto del carisma

Margarita Mayo, investigadora de la escuela de negocios IESE de Madrid, describe el conflicto entre humildad y carisma: «Los resultados de la investigación son claros: cuando elegimos a personas humildes y sin pretensiones como líderes, el mundo que nos rodea se convierte en un lugar mejor... Sin embargo, en lugar de seguir el ejemplo de estos héroes desconocidos, parecemos programados para buscar a superhéroes: líderes que se glorifican demasiado y que emanan carisma»[96]. Esta preferencia por líderes carismáticos se aplica especialmente en tiempos de crisis. La propia investigación de Margarita Mayo muestra que cuando los seguidores se sienten angustiados no solo es más probable que elijan a líderes carismáticos, sino que también es más probable que perciban carisma en líderes que ya han elegido.

Las observaciones de Mayo señalan un aspecto importante del carisma: existe en el ojo del que mira. Por lo tanto,

95. Bradley P. Owens y David R. Hekman, «How Does Leader Humility Influence Team Performance? Exploring the Mechanisms of Contagion and Collective Promotion Focus», *Academy of Management Journal 59*, n.º 3 (2015): 1088–1111, https://doi.org/10.5465/amj.2013.0660.

96. Margarita Mayo, «If Humble People Make the Best Leaders, Why Do We Fall for Charismatic Narcissists?», *Harvard Business Review*, 7 de abril de 2017, https://hbr.org/2017/04/if-humble-people-make-the-best-leaders-why-do-wefall-for-charismatic-narcissists?utm_campaign=hbr&utm_source=facebook&utm_medium=social.

el carisma es distinto al narcisismo y la psicopatía, que son rasgos de personalidad con una conocida base biológica; el carisma es una mera deducción que hacen los seguidores sobre su líder. De hecho, no se puede medir el carisma más que a través de las percepciones que tienen los demás. Por supuesto, algunas personas te dirán que tienen carisma (y puede que estén convencidas de ello), pero su propia opinión no indica en absoluto su verdadero carisma.

A pesar de la insignificancia del carisma respecto a la eficacia del liderazgo, puedes preguntar a cualquiera sobre las cualidades fundamentales de un líder y él o ella inevitablemente mencionará el carisma como uno de los rasgos más importantes. La asociación es tan fuerte que a la gente le cuesta decir el nombre de un solo líder famoso que *no* sea carismático.

Un equipo dirigido por Mansour Javidan, de la Thunderbird School of Global Management (Arizona State University), exploró las diferencias transculturales en las percepciones del talento para el liderazgo en sesenta y dos países. El equipo agrupó a los países en diez grupos culturales: Anglo, Asia de Confucio, Europa del Este, Europa germánica, América Latina, Europa latina, Oriente Próximo, Europa nórdica, Sur de Asia y África subsahariana. A pesar de que la relevancia de la mayor parte de los rasgos de liderazgo, como deseo de mejora de estatus, asunción de riesgos y competitividad, variaban considerablemente de una cultura a otra, el carisma se consideraba un ingrediente clave del talento para el liderazgo de forma universal[97].

---

97. Mansour Javidan *et al.*, «In the Eye of the Beholder: Cross Cultural Lessons in Leadership from Project GLOBAL», *Academy of Management Perspectives* 20, n.º 1 (2006): 6790, https://doi.org/10.5465/AMP.2006.19873410.

Además, solo tardamos unos segundos en «establecer» que alguien tiene carisma. Muchos estudios recientes han descifrado cómo se forman las impresiones del carisma, por qué percibimos que alguien es carismático y qué significan dichas percepciones (o atribuciones).

Recientemente, Konstantin Tskhay y sus compañeros de la Universidad de Toronto se propusieron explorar estas cuestiones. Pusieron videoclips cortos a 1.307 participantes. En dichos vídeos salían actores desconocidos que leían un discurso político al azar de la forma más persuasiva posible durante cinco minutos. Después, los investigadores quitaban el sonido, manipulando de forma experimental la duración de los clips, y examinaban cómo influían las características del actor (atractivo, contacto visual y si llevaban gafas) en las atribuciones que hacían los participantes sobre el carisma.

El grupo de Tskhay descubrió que los participantes solamente tardaban cinco segundos en decidir si alguien era carismático y que la exposición más larga de los actores no alteraba dichas impresiones iniciales. Los actores que tenían un físico más atractivo, que hacían más contacto visual y de piel blanca fueron los considerados más carismáticos[98].

Independientemente de lo que signifique el carisma para las personas y de lo acertadas que sean las percepciones instantáneas, el carisma se autocumple, ya que hay consecuencias reales de ver a alguien carismático, sobre todo si es un líder. En ese sentido, a veces, el carisma se equipara al amor

---

98. Konstantin O. Tskhay, Rebecca Zhu y Nicholas O. Rule, «Perceptions of Charisma from Thin Slices of Behavior Predict Leadership Prototypicality Judgments», *Leadership Quarterly* 28, n.º 4 (2017): 555–562, https://doi.org/10.1016/j.leaqua.2017.03.003.

a primera vista: es hipnótico, energizante e inexplicable. Por lo tanto, el carisma es tan indefinible que, cuando intentamos entenderlo, lo más probable es que acabemos racionalizándolo o justificando nuestras sensaciones en lugar de ofrecer una interpretación objetiva de la capacidad del líder.

La gente defenderá apasionadamente las cualidades de los líderes que considera carismáticos, igual que defendería ciegamente a una persona de la que se ha enamorado: sin importarle los hechos ni las pruebas objetivas que apoyen su punto de vista. Por desgracia, sucede lo mismo al decidir que alguien es carismático o un líder potencial y hay que evaluar el rendimiento de liderazgo de esa persona con posterioridad.

El carisma nubla la evaluación sobre cómo rinde de verdad un líder, y no solo su liderazgo potencial. En vez de ser objetivos, somos menos críticos sobre el rendimiento de los líderes cuando los vemos carismáticos, y somos más críticos cuando no los vemos así. Un ejemplo reciente es que el hecho de que veas más carisma en Hillary Clinton o en Donald Trump predice mejor tu evaluación de su rendimiento que el rendimiento real de estos dos políticos. ¿Por qué? Porque nuestro deseo de entender la realidad no es tan fuerte como nuestro deseo de tener muy buena opinión de nosotros mismos. Por lo tanto, si reconocemos que un líder que consideramos carismático tiene un rendimiento pobre, estamos admitiendo que juzgamos mal a la gente[99]. En consecuencia, los líderes carismáticos suelen ser evaluados de forma más favorable por parte de sus jefes y subordinados

---

99. James W. Beck, Alison E. Carr y Philip T. Walmsley, «What Have You Done for Me Lately? Charisma Attenuates the Decline in U.S. Presidential Approval over Time», *Leadership Quarterly* 23, n.º 5 (2012): 934–942, https://doi.org/10.1016/j.leaqua.2012.06.002.

y son ascendidos más a menudo que los líderes que no son carismáticos. Además, los equipos con líderes carismáticos suelen tener mayor nivel de satisfacción en el trabajo y, a su vez, de rendimiento: si te gusta la persona para la que trabajas y la admiras, aunque la imagen que tengas de esa persona sea solo un espejismo, sin duda estarás más motivado para impresionar a esa persona trabajando duro[100]. Y, en general, las personas carismáticas corresponderán a esta relación gestionando de arriba abajo y no al revés, porque se concentran más en contentar a sus subordinados que en dar coba al jefe[101].

Las mujeres y el dilema del carisma

Si buscas en Google Imágenes «líderes famosos», prácticamente lo único que sale son líderes carismáticos: Barack Obama, Mahatma Gandhi, Martin Luther King, Richard Branson, Steve Jobs y demás. Esta forma rápida y sencilla de acceder al arquetipo colectivo de liderazgo también destaca que el carisma es un rasgo de género: las únicas mujeres que aparecen en la primera página son Margaret Thatcher y la Madre Teresa.

A pesar de que la investigación académica sobre el género y el carisma sea relativamente escasa, un inconveniente importante para las mujeres en lo relativo al carisma es que

---

100. Robert Hogan, Gordon J. Curphy y Joyce Hogan, «What We Know About Leadership», *American Psychologist* (1994): 493–504, https://pdfs. semanticscholar.org/a705/2f29f15cb4c8c637f0dc0b505793b37575d7.pdf.

101. Jay A. Conger, «The Dark Side of Leadership», *Organizational Dynamics* 19, n.º 2 (1990): 44–55, https://doi.org/10.1016/0090-2616(90)90070-6.

las percepciones del carisma suelen ser consecuencia y no causa del éxito del liderazgo. Por lo tanto, puede que atribuyamos habilidades de liderazgo a personas que parecen carismáticas, pero es incluso más probable que atribuyamos carisma a personas que han tenido éxito como líderes. Naturalmente, las mujeres tienen más dificultades para demostrar su potencial para ser líderes cuando, para empezar, no se las considera para puestos de liderazgo y, entonces, la profecía se autocumple.

Por ejemplo, los estudios muestran que los líderes que ocupan una posición más central en las redes de sus organizaciones (es decir, que tienen más conexiones) es más probable que sean considerados carismáticos. Se ganan la reputación de ser carismáticos si forjan más relaciones dentro de sus empresas[102].

Por desgracia, como las mujeres están infrarrepresentadas en las filas del liderazgo, menos mujeres ocupan una posición central en las redes de sus organizaciones. Por lo tanto, a menudo se percibe que están ahí debido a los programas de diversidad de género. Asimismo, los expertos en liderazgo Rob Kaiser y Wanda Wallace sugieren que, dado que las mujeres es menos probable que ocupen puestos de liderazgo estratégicos, se las valora menos en su capacidad de liderazgo estratégico[103]. En cambio, las

---

102. Prasad Balkundi, Martin Kilduff y David A. Harrison, «Centrality and Charisma: Comparing How Leader Networks and Attributions Affect Team Performance», *Journal of Applied Psychology* 96, n.º 6 (2011):1209–1222, https://doi.org/10.1037/a0024890.

103. Robert B. Kaiser y Wanda T. Wallace, «Gender Bias and Substantive Differences in Ratings of Leadership Behavior: Toward a New Narrative», *Consulting Psychology Journal: Practice and Research* 68, n.º 1 (2016): 72–98, https://doi.org/10.1037/cpb0000059.

mujeres suelen estar mejor valoradas en habilidades de liderazgo operativo, que son más importantes para el papel de los jefes, y peor valoradas en carisma. Por lo visto, las mujeres se enfrentan a una situación del huevo y la gallina: como rara vez tienen puestos de liderazgo sénior, tenemos menos tendencia a considerarlas carismáticas, y al no considerarlas carismáticas, suponemos que no son buenas líderes.

Sin embargo, cuando los investigadores miden el liderazgo carismático usando herramientas robustas, yendo más allá de cualquier atribución confusa y vaga que los legos en la materia puedan hacer y pidiendo a los empleados que juzguen a sus líderes después de interacciones extensas, las mujeres obtienen valoraciones más altas en medidas de liderazgo carismático. Un estudio de Kevin Groves, de la California State University, estudió en detalle cómo evaluaban los empleados a sus líderes en marcadores críticos del carisma. No se concentró en la primera impresión, sino en la reputación a largo plazo de los líderes[104]. Un total de 108 líderes sénior de varias organizaciones de muchas industrias y sectores de actividad económica fueron valorados por parte de 325 de sus colaboradores directos. Groves pidió a los empleados que completaran una medición científicamente validada del liderazgo carismático, que predice resultados organizativos positivos, como el rendimiento del equipo, los ingresos, los beneficios y el alto compromiso de los empleados. Los indicadores clave del carisma incluían los comportamientos siguientes:

---

104. Kevin S. Groves, «Gender Differences in Social and Emotional Skills and Charismatic Leadership», *Journal of Leadership and Organizational Studies* 11, n.º 3 (2005): 30–46, https://doi.org/10.1177/107179190501100303.

- Inspira a los empleados, comunica e implanta la visión bien.
- Es un modelo a imitar y predica con el ejemplo.
- Es sensible a las normas culturales de las organizaciones.
- Reconoce los logros de sus empleados y atribuye el mérito a otras personas cuando corresponde.
- Usa la comunicación emocional de forma efectiva.
- Es hábil a la hora de identificar y alimentar el potencial de los empleados.
- Además, los líderes también completaron evaluaciones de sus propias habilidades sociales y emocionales.

Este estudio tenía dos diferencias importantes respecto a los estudios sobre percepción social comentados más arriba. Primero, como el estudio de Groves no mencionaba directamente el carisma, ayudó a minimizar sesgos y confusión respecto a lo que significa el término realmente. Segundo, los empleados tienen abundantes datos para responder a estas preguntas. Aquí no estamos hablando de cinco segundos, sino de meses de trabajar para alguien. Como era de esperar, hubo una gran alineación entre los empleados que valoraban al mismo líder. Todos parecían describir a la misma persona. Los resultados mostraban que los empleados valoraban más a los líderes que eran mujeres en la mayoría de los comportamientos de la lista de más arriba, y esta diferencia era una función de las habilidades sociales y emocionales más fuertes de las mujeres (más sobre este tema en el capítulo siguiente).

En otro estudio, Herminia Ibarra y Otilia Obodaru, del INSEAD, examinaron miles de evaluaciones de 360 grados (es decir, *feedback* de los compañeros de trabajo de los líderes, desde subordinados hasta gente del mismo nivel y jefes) de líderes que habían participado en sus programas de educación para ejecutivos[105]. En línea con pruebas previas sobre estereotipos y sesgos de género, los investigadores esperaban ver que las mujeres eran valoradas menos que los hombres. Sin embargo, sus resultados revelaron lo contrario: tal y como escribieron en un artículo de 2009 en la *Harvard Business Review*, «como grupo, las mujeres eclipsaron a los hombres en la mayor parte de las dimensiones de liderazgo medidas». De hecho, en solo una de las diez habilidades de liderazgo evaluadas (visión) los hombres recibieron puntuaciones mayores, y solo se dio este caso cuando los que evaluaban también eran hombres, más específicamente, compañeros al mismo nivel que eran hombres, es decir, precisamente las personas que probablemente competían con las mujeres para el siguiente ascenso. En las otras nueve habilidades, tanto hombres como mujeres valoraron más a las líderes mujeres y las líderes mujeres valoraron más alto a las mujeres respecto a la visión. Los subordinados y los supervisores hombres valoraron a hombres y mujeres más o menos igual en lo referente a la visión.

El lado oscuro del carisma

Sin duda, el carisma puede ser una herramienta útil para los líderes, ya que les permite construir y mantener cone-

---

105. Herminia Ibarra y Otilia Obodaru, «Women and the Vision Thing», *Harvard Business Review*, enero de 2009, https://hbr.org/2009/01/women-and-the-vision-thing.

xiones con otras personas y convencerlas de que deben seguir una línea de acción específica. Al fin y al cabo, «un líder es un vendedor de esperanza», como reza la famosa cita de Napoleón.

En uno de los estudios más fascinantes sobre esta cuestión, Ronald Deluga, de la Bryant University, efectuó un análisis histórico de treinta y nueve presidentes de Estados Unidos, desde George Washington hasta Ronald Reagan. Su objetivo era explorar hasta qué punto se solapaban el carisma, el narcisismo y el rendimiento del liderazgo de los presidentes. Para evaluar su carisma y su estilo de liderazgo, Deluga mostró extractos biográficos anónimos de los presidentes a varios evaluadores independientes, que juzgaron a los hombres (en ese momento, anónimos) respecto a indicadores específicos del carisma; por ejemplo, «está en contacto con la ciudadanía estadounidense y su estado de ánimo», «utiliza la retórica de forma efectiva» y «es una dinamo de energía y determinación». Otro grupo tuvo que valorar a los presidentes en dimensiones clave de narcisismo, como vanidad, creerse con derecho a todo y superioridad, eligiendo la opción que mejor representaba a cada presidente. Por ejemplo, «cree que es como todo el mundo» o bien «se considera una persona extraordinaria». Para evaluar el rendimiento del presidente, Deluga utilizó valoraciones de expertos de varios historiadores de Estados Unidos que examinaron factores como prestigio general, fuerza de acción, actividad presidencial, actividad de guerra y logros administrativos.

Para ilustrar la fuerte conexión entre carisma, narcisismo y rendimiento, Deluga utilizó el ejemplo de Franklin D. Roosevelt, uno de los que más puntuación sacó en los tres rasgos: «Era extremadamente entusiasta y tenía mucha confianza en sí mismo. Poseía una voz de oro, persuasiva y vibrante, y mostraba dotes notables de liderazgo en tiempos de crisis. Además, Roosevelt mantenía una imagen de superioridad y la seguridad absoluta del valor y la importancia de lo que hacía. Una queja común que se le hacía, incluso por parte de sus partidarios acérrimos, era su naturaleza enrevesada y engañosa; nunca hablaba con franqueza total a nadie»[106].

Los líderes carismáticos destacan por dar esperanza a la gente. No hay mejores vehículos que el carisma para vender una visión o proporcionar un sentido a alguien. Sin embargo, cuando los líderes son incompetentes o poco éticos, entonces el poder del carisma se volverá contra sus seguidores, ya que los movilizará hacia metas contraproducentes o incluso autodestructivas. Tal y como señalaron Allen Grabo, psicólogo evolutivo de la Universidad de Ámsterdam, y sus compañeros, «las señales carismáticas a menudo son secuestradas deliberadamente por parte de líderes que no aportan beneficios a los seguidores sino a ellos mismos... Son individuos que a primera vista parecen encantadores o inspiradores, pero que no tienen capacidad ni voluntad de proporcionar los beneficios de una coordinación»[107].

Tal y como ilustra el capítulo 3, los psicópatas y los líderes narcisistas suelen ser percibidos como carismáticos y sus seguidores pueden estar ciegos a su toxicidad. Es evidente que muchas personas carismáticas no son ni psicópatas ni narci-

---

106. Ronald J. Deluga, «Relationship Among American Presidential Charismatic Leadership, Narcissism, and Rated Performance», *Leadership Quarterly* 8, n.º 1 (1997): 49–65, https://doi.org/10.1016/S1048-9843(97)90030-8.

107. Allen Grabo, Brian R. Spisak y Mark van Vugt, «Charisma As Signal: An Evolutionary Perspective on Charismatic Leadership», *Leadership Quarterly* 28, n.º 4 (2017): 482, https://doi.org/10.1016/j.leaqua.2017.05.001.

sistas, de la misma manera que muchos psicópatas y narcisistas no tienen ningún carisma en absoluto. Sin embargo, cuando estos rasgos del lado oscuro están engrasados con carisma, pueden hacer que un líder sea bastante letal. Cuanto más confiemos en el carisma como marcador del potencial de liderazgo, más nos arriesgamos a tener líderes tóxicos que explotan sus encantos y su influencia para aferrarse al poder y manipular a sus seguidores.

Si hay una lección de liderazgo importante en la historia, es que, en manos de líderes inmorales y egoístas, el carisma es una herramienta de engaño muy potente para conseguir el apoyo de los seguidores para causas malignas. Adolph Hitler, Iósif Stalin, Mao Zedong y Benito Mussolini eran carismáticos, y lo mismo sucede con la mayor parte de los dictadores, que logran crear un culto a la personalidad alrededor de su carisma. Sin embargo, dichos líderes habrían causado menos daño si hubieran sido menos carismáticos. Del mismo modo, a un Osama bin Laden menos carismático le habría costado más convencer a alguien para que estrellara un avión contra las torres gemelas. En la misma línea, habría habido menos probabilidad de que se produjera la masacre de la secta el Templo del Pueblo en Guyana si Jim Jones hubiera sido menos carismático. Este lado oscuro del carisma todavía se puede observar en niveles menos extremos del liderazgo problemático. Por ejemplo, el carisma ayuda a los presidentes de Estados Unidos a mantener índices de aprobación más elevados incluso cuando no tienen un buen rendimiento. Es más probable que la gente tolere a un mal presidente que sea carismático en vez de a uno con alto rendimiento que no lo sea[108].

---

108. Beck, Carr y Walmsley, «What Have You Done for Me Lately?»

Incluso cuando los líderes son competentes y éticos, los efectos del carisma en el rendimiento del liderazgo son más variados de lo que se creía anteriormente. Un equipo dirigido por Jasmine Vergauwe, de la Universidad de Gante, demostró dichos efectos. Los autores analizaron datos de tres estudios independientes en los que había muestras globales de ochocientos líderes empresariales y alrededor de siete mil quinientos de sus superiores, compañeros al mismo nivel y subordinados. La jerarquía de los líderes iba desde supervisores hasta la alta dirección. Los resultados mostraron que los líderes carismáticos eran buenos en tareas estratégicas, como formular y vender una visión, establecer un rumbo para la organización y fomentar la innovación. Sin embargo, eran malos en aspectos tácticos del liderazgo, como eficiencia, ejecución y organización. Vergauwe y sus compañeros llegaron a la conclusión de que el efecto «demasiado de algo bueno» también se aplica al carisma, y que si las organizaciones quieren un rendimiento completo de los líderes, lo mejor sería contratar a personas con una dosis moderada de carisma. De esta forma, los líderes serían lo suficientemente versátiles para ser estratégicos y operativos al mismo tiempo.

Por lo tanto, aunque el carisma pueda hacer que los líderes sean más influyentes, si le prestamos demasiada atención pasaremos por alto otras señales de liderazgo más importantes, como competencia, integridad y autoconciencia. Debido a la naturaleza abstracta del liderazgo, el carisma a menudo acaba siendo una alternativa conveniente del mismo, sobre todo cuando faltan otros indicadores clave. Sin embargo, es una alternativa insuficiente, y no tenemos en cuenta los indicadores verdaderos y objetivos del talento para el liderazgo y el rendimiento por nuestra cuenta y riesgo.

Como podríamos esperar, los estudios muestran que (al igual que el atractivo) la importancia del carisma como señal de liderazgo disminuye cuando los seguidores tienen más información sobre los líderes. Por ejemplo, los votantes se suelen sorprender (a veces, incluso se disgustan) al hacer encuestas diseñadas para hacer coincidir sus valores y creencias personales con el candidato político que mejor los representa. Si los votantes quieren a alguien alineado con sus opiniones económicas, sociales y políticas, el candidato apropiado no suele ser aquel al que ellos se sienten atraídos desde el punto de vista emocional. Y, al contrario, cuando juzgamos a los líderes solamente según sus apariciones en la televisión y sus mensajes en Twitter, el carisma manda y eclipsa a cualquier argumento lógico.

Otro ejemplo del poder irracional del carisma que han señalado los estudios académicos es que los CEO carismáticos pueden inflar el precio de la acción de sus empresas, incluso cuando, según indicadores objetivos, sus empresas no van bien[109]. Henry Tosi, de la Universidad de Florida, y sus compañeros preguntaron a directivos de 59 empresas de Estados Unidos lo carismáticos que eran sus CEO, utilizando una medida de carisma bien validada de información entre iguales. También examinaron cómo iba la empresa, desde el valor para el accionista hasta el rendimiento sobre el capital invertido. A pesar de que los índices de carisma no estaban relacionados con el rendimiento de la empresa, estaban vinculados positivamente con el tamaño de la empresa… ¡y con el sueldo del CEO! Y, a pesar de la correlación positiva entre los índices de

---

109. Henry L. Tosi *et al.*, «CEO Charisma, Compensation, and Firm Performance», *Leadership Quarterly* 15, n.º 3 (2004): 405–420.

carisma y la valoración bursátil durante ciertas condiciones del mercado, no había ninguna asociación entre el carisma y el rendimiento real de la empresa (sin tener en
cuenta las condiciones del mercado).

5

La ventaja femenina

Hasta ahora hemos pasado revista a las investigaciones que indican que hay una mayor probabilidad de que los hombres sean arrogantes, narcisistas y psicópatas que las mujeres. Incluso cuando estas diferencias son pequeñas, continúan siendo fiables y significativas, sobre todo a la hora de perfilar preferencias de liderazgo colectivas.

También hemos visto que todos estos rasgos, pese a que te ayuden a conseguir un puesto de liderazgo, son perjudiciales para tu rendimiento una vez que estás en dicho puesto. Y hemos explorado la naturaleza poco fiable del carisma y hemos visto que, en lugar de ser un rasgo innato que tienen algunos líderes (o que no tienen), es algo que los seguidores tienden a proyectar en sus líderes, sobre todo, cuando son hombres.

Si la confianza no es competencia, el carisma es un espejismo y rasgos como el narcisismo y la psicopatía perjudican más que ayudan al rendimiento de los líderes y sobre todo a sus seguidores, es natural preguntarse si cabe la posibilidad de que las mujeres sean más idóneas para papeles de liderazgo. Hay gente que lo cree. En una entrevista en el Foro Económico Mundial de Davos preguntaron a Jack Ma, el emblemático fundador de Alibaba, qué pensaba del reducido número de mujeres líderes[110]. Dijo que no entendía por qué las empresas, incluso las tecnológicas, no empleaban a más mujeres. Destacó que, en Alibaba, el 49% del personal y casi un 37% de los líderes sénior son mujeres, lo que es posiblemente un récord para una gran empresa de alta tecnología. A continuación, explicó en detalle su teoría del liderazgo: «Los hombres tienen un coeficiente intelectual alto pero una inteligencia emocional baja, mientras que las mujeres están equilibradas en ambos elementos». Dejando a un lado el cumplido ambiguo respecto al coeficiente intelectual de las mujeres, el comentario de Jack Ma subraya el estereotipo de que las mujeres son más emotivas y los hombres, más cerebrales. También es congruente con la opinión generalizada actual de que la inteligencia emocional es una cualidad crucial para un liderazgo efectivo.

En este capítulo exploramos estas ideas interrelacionadas. ¿Cuáles son las diferencias de competencias, si las hay, entre hombres y mujeres? ¿Cómo pueden influir en las diferencias potenciales entre géneros en el rendimiento del liderazgo? ¿Es cierto que las mujeres tienen, de media, coeficientes emocionales más altos? ¿Una inteligencia emocional más alta beneficia a los líderes, tanto hombres como mujeres? Por último, analizaremos algunos comportamientos de liderazgo específicos que posibilitan la inteligencia emocional: liderazgo transformacional, eficacia personal y autoconciencia.

---

110. ExpovistaTV, *Davos 2018: Jack Ma's Keys to Success: Technology, Women, Peace and Never Complain*, grabación en vídeo, publicada el 24 de enero de 2018, www.youtube.com/watch?v=-nSbkywGf-E.

¿Por qué tanto hombres como mujeres son de la Tierra?

En *Los hombres son de Marte, las mujeres son de Venus*, uno de los libros de autoayuda más vendidos de todos los tiempos, John Gray postuló que los hombres y las mujeres son tan profundamente distintos que es como si fueran de planetas diferentes. Sí, el título da la pista. Por ejemplo, él escribe que las mujeres son demasiado sensibles y cariñosas, mientras que los hombres no están en contacto con su vida emocional interior y están obsesionados con competir. Pese a que estas diferencias estereotipadas entre géneros sean ampliamente consecuentes con la investigación sobre el exceso de confianza, el narcisismo y la psicopatía destacados en capítulos anteriores, hay más parecidos psicológicos que diferencias entre hombres y mujeres. Esta cuestión es importante. Aunque una diferencia estadística implique que los grupos no son iguales, sigue dejando mucho margen para que haya similitudes entre individuos de ambos grupos. Para usar un ejemplo distinto, las mujeres suelen vivir más tiempo que los hombres, pero la mayoría de los hombres y las mujeres mueren a una edad similar. Del mismo modo, los hombres, en general, son más altos que las mujeres, pero muchas mujeres del mundo son más altas que la mayoría de los hombres.

En 2005, Janet Shelby Hyde, una prolífica psicóloga de la Universidad de Wisconsin–Madison conocida por su investigación pionera en conjuntos de macrodatos sobre las diferencias entre géneros, volvió a analizar cuarenta y seis metaanálisis sobre las diferencias entre géneros en la competencia. Analizando los datos de millones de participantes, examinó todas las esferas de la competencia y la capacidad que se habían estudiado alguna vez. En una época en la que la proliferación de estudios independientes ha conducido a preocupaciones sobre la «crisis de replicación» en ciencias sociales, pues el vasto volumen de investigación permite a la gente seleccionar sus descubrimientos y permitirse el lujo de informar de forma selectiva, esta investigación es *el* recurso definitivo para cualquier persona interesada en acceder a las pruebas más fiables sobre cómo hombres y mujeres difieren[111].

¿Cuáles fueron sus descubrimientos principales? En el 78 % de los casos, las diferencias entre géneros son nulas o muy pequeñas[112]. El hecho de que estos estudios se llevaran a cabo en áreas en las que las diferencias entre géneros estaban asumidas históricamente y que los estudios incluyan datos de hace muchas décadas hace que las similitudes reportadas sean mucho más notables. Y los descubrimientos se aplican a una amplia gama de variables psicológicas, que incluyen actitudes, motivación, personalidad y rendimiento en el trabajo.

Un punto central del estudio de Hyde se ocupaba de las diferencias entre géneros respecto al coeficiente intelectual. Aquí los resultados también revelaban diferencias insignificantes entre sexos, pese a que los hombres tengan una ventaja clara respecto a las mujeres en las pruebas de capacidad espacial; esta diferencia está causada en gran medida por

---

111. Janet S. Hyde, «Gender Similarities and Differences», *Annual Review of Psychology* 65, n.º 3 (2014): 1–26, https://doi.org/10.1146/annurev-psych-010213-115057.

112. Janet S. Hyde, «The Gender Similarities Hypothesis», *American Psychologist* 60, n.º 6 (2005): 581–592, https://doi.org/10.1037/0003-066X.60.6.581.

diferencias de testosterona entre hombres y mujeres[113]. Las mujeres con mayores niveles de testosterona superan a hombres con niveles menores de testosterona en los test de inteligencia espacial, e inyectar a hombres o mujeres testosterona mejora sus resultados en los test de capacidad espacial y lectura de mapas. Por otra parte, las mujeres obtienen mayor puntuación en la mayoría de los test de capacidad verbal. Sin embargo, en general, no existen diferencias notables de coeficiente intelectual entre hombres y mujeres.

Por lo tanto, desde el punto de vista intelectual, mujeres y hombres no tienen capacidades diferentes. Pero ¿qué ocurre en otras esferas de la vida, como las habilidades físicas, emocionales o sociales?

Hyde averiguó en su estudio definitivo que, en el 22 % de los casos, mujeres y hombres diferían: los hombres pueden lanzar un objeto más lejos y a mayor velocidad que las mujeres; los hombres tienden a masturbarse con más frecuencia (o, como mínimo, tienen más tendencia a decirlo); y los hombres tienden a tener una opinión más positiva del sexo esporádico. Asimismo, los hombres son más agresivos desde el punto de vista físico, a pesar de que los datos sobre agresión relacional fueran más variados. Por ejemplo, pensemos en la película *Mean Girls (Chicas malas)*.

Pero, a menos que trabajes en un sector muy especial, un puesto de liderazgo en tu organización probablemente no requiera que un líder sea especialmente bueno en lanzamiento de cosas, sexo esporádico o masturbación. Así que dejemos estos tópicos a un lado y veamos detalladamente

113. David I. Miller y Diane F. Halpern, «The New Science of Cognitive Sex Differences», *Trends in Cognitive Sciences* 18, n.º 1 (2014): 37–45, https://doi.org/10.1016/j.tics.2013.10.011.

las diferencias entre géneros en cualidades orientadas al liderazgo.

Por ejemplo, las mujeres tienen un potencial de liderazgo ligeramente superior porque, en general, funcionan mejor en puestos de gestión y liderazgo que los hombres, pese a que estos se consideren mejores líderes que las mujeres[114]. Estas diferencias en competencia de liderazgo también son consecuentes con las diferencias entre géneros en intereses vocacionales, sobre todo en la preferencia femenina por trabajar con personas y la masculina por trabajar con cosas. La divergencia entre estas preferencias representa una de las mayores diferencias psicológicas entre géneros que se han presentado[115].

El mejor rendimiento de las mujeres en puestos de liderazgo ya de por sí debería sugerir algo singular sobre el desequilibrio entre géneros en liderazgo, que tiene que ver trabajar con gente en lugar de con cosas. Pero, sin ninguna lógica, los escépticos de la diversidad suelen hacer hincapié en esta cuestión para intentar socavar el esfuerzo de las organizaciones para corregir la subrepresentación de las mujeres en el liderazgo. Por ejemplo, en el infame memorándum por el que despidieron al ingeniero James Damore de Google, en el que se oponía enérgicamente al programa de diversidad de la organización, este observó correctamente que los estudios

---

114. Alice H. Eagly, Mary C. Johannesen-Schmidt y Marloes L. van Engen, «Transformational, Transactional, and Laissez-Faire Leadership Styles: A Meta-Analysis Comparing Women and Men», *Psychological Bulletin* 129, n.º 4 (2003): 569–591.

115. Rong Su, James Rounds y Patrick I. Armstrong, «Men and Things, Women and People: A Meta-Analysis of Sex Differences in Interests», *Psychological Bulletin* 135, n.º 6 (2009): 859–884, https://doi.org/10.1037/a0017364.

psicológicos indican que «las mujeres, de media, muestran un interés mayor por la gente y los hombres, por las cosas»[116].

¿Qué hay del estereotipo de que las mujeres son más cariñosas y tienen mayores habilidades interpersonales o emocionales? A pesar de que las diferencias entre géneros en la inteligencia emocional no sean sustanciales en absoluto, ya que las diferencias medias rara vez superan el 15%, favorecen abrumadoramente a las mujeres.

Cómo ayuda la inteligencia emocional a las mujeres en el trabajo

En 1990, el psicólogo social de Yale Peter Salovey y el profesor de psicología de la University of New Hampshire John D. Mayer acuñaron el término *inteligencia emocional*. Cinco años después, el periodista científico Daniel Goleman popularizó el concepto con su libro, que fue un superventas. La inteligencia emocional se ocupa de la capacidad de comprender y gestionar las emociones, tanto las propias como las de otras personas; es la mejor medida de las habilidades de las personas. A pesar de atraer poca investigación académica durante su primera década, la inteligencia emocional se convirtió rápidamente en la competencia preferida por los recursos humanos y el liderazgo. Hoy en día existe un gran

---

116. James Danmore, «Google's Ideological Echo Chamber: How Bias Clouds Our Thinking About Diversity and Inclusion», memorándum interno al personal de Google, julio de 2017, citado en Louise Matsakis, Jason Koebler y Sarah Emerson, «Here Are the Citations for the Anti-Diversity Manifesto Circulating at Google», *Motherboard*, actualizado el 7 de agosto de 2017, https://www.vice.com/en_us/article/evzjww/here-are-the-citations-for-the-anti-diversity-manifesto-circulating-at-google.

cuerpo de investigación sobre la inteligencia emocional: se han publicado más de 4.300 estudios científicos desde principios de la década que empezó en el 2000, frente a solamente 90 durante la de 1990.

Una proporción sustancial de estos estudios examinó las implicaciones del rendimiento de la inteligencia emocional. Por ejemplo, las pruebas consecuentes sugieren que la inteligencia emocional es crucial para la empleabilidad del individuo; es decir, su capacidad para conseguir y mantener un puesto de trabajo[117]. Dado que el trabajo (todavía) implica interactuar con personas y teniendo en cuenta que el éxito de la carrera profesional está determinado principalmente por lo que los demás piensen de nosotros, las personas con las que es más gratificante tratar se puede esperar que lo hagan mejor en una variedad de trabajos, sobre todo en los que hay un fuerte componente interpersonal. Por ejemplo, ventas, relaciones públicas, atención al cliente, gestión y liderazgo.

La inteligencia emocional también se ha relacionado positivamente con un amplio abanico de resultados relacionados con el bienestar de los empleados. Por ejemplo, es más probable que la gente con una mayor inteligencia emocional esté comprometida con el trabajo[118]. Teniendo en cuenta el predominio de la falta de compromiso de los empleados y el creciente problema del estrés y el síndrome del empleado quema-

117. Robert Hogan, Tomás Chamorro-Premuzic y Robert B. Kaiser, «Employability and Career Success: Bridging the Gap Between Theory and Reality», *Industrial and Organizational Psychology* 6, n.º 1 (2013): 3–16, https://doi.org/10.1111/iops.12001.

118. Reece Akhtar *et al.*, «The Engageable Personality: Personality and Trait EI As Predictors of Work Engagement», *Personality and Individual Differences* 73 (2015): 44–49, https://doi.org/10.1016/j.paid.2014.08.040.

do (un caso de falta de compromiso extremo), una mano de obra comprometida no es moco de pavo. Si las organizaciones quisieran fomentar el compromiso de los empleados, probablemente no haya mejor forma de hacerlo que contratar a personas con una alta inteligencia emocional. Esta estrategia de contratación no se traduciría necesariamente en un mayor rendimiento, ¡pero sí que significaría una mano de obra más satisfecha o paciente!

La inteligencia emocional también predice fuertemente la resiliencia y la tolerancia al estrés de una persona. De hecho, una mayor inteligencia emocional es un buen antídoto frente al lado oscuro de la personalidad y los comportamientos tóxicos descritos anteriormente. La inteligencia emocional representa la cara B tanto del narcisismo como de la psicopatía, y las personas con una mayor inteligencia emocional también es menos probable que sean arrogantes, excitables, temperamentales e irritables en el trabajo. Estos aspectos más calmados de la personalidad de la gente son particularmente útiles en gestión. ¿Cómo puedes gestionar a otras personas cuando te cuesta gestionarte a ti mismo? La inteligencia emocional te ayuda a resolver ambos problemas.

Se suele suponer que el coeficiente intelectual y la inteligencia emocional no van de la mano. Es decir, la gente con un coeficiente intelectual elevado es torpe en sus relaciones sociales y la gente con una elevada inteligencia emocional no es muy lista. Hay muy pocas pruebas científicas que respalden esta idea, ya que la inteligencia emocional y el coeficiente intelectual no están relacionados negativamente. Evidentemente, algunas personas listas desde el punto de vista académico (sobre todo las que tienen un coeficiente intelectual alto) sin duda parecen algo raras o, como mínimo, excéntricas al común de los mortales. Simon Baron-Cohen, de la

Universidad de Cambridge, demostró, de forma convincente, que las personas con un coeficiente intelectual elevado a menudo tienen déficits interpersonales[119]. Pero quizás también recordemos estos casos de alto coeficiente intelectual baja inteligencia emocional precisamente porque destacan; son la excepción que confirma la regla.

Como era de esperar, los individuos con un nivel más alto de inteligencia emocional son, en general, más efectivos en puestos de liderazgo. Los estudios han descubierto una asociación positiva consecuente entre la inteligencia emocional y el comportamiento de la ciudadanía de la organización. De ahí que la probabilidad de que los líderes se porten bien y tengan comportamientos prosociales y, a la vez, se abstengan de actividades tóxicas aumente con su inteligencia emocional. Pese a que la inteligencia emocional no sea un indicador perfecto de la integridad, si una organización contratara a sus líderes en función de su alta inteligencia emocional, tendría líderes más honestos y éticos.

A pesar de las pequeñas diferencias entre géneros respecto a la inteligencia emocional, como grupo las mujeres tienden a tener una mayor inteligencia emocional que los hombres. El efecto se ha descubierto de forma fiable en prácticamente todas las mediciones de inteligencia emocional. De hecho, un metaanálisis reciente de las diferencias entre géneros en inteligencia emocional llegó a concluir incluso que seleccionar a los empleados y a los líderes de acuerdo con su inteligencia emocional perjudicaría gravemente a los hom-

---

119. Simon Baron-Cohen *et al.*, «The Autism-Spectrum Quotient (AQ): Evidence from Asperger Syndrome/High-Functioning Autism, Males and Females, Scientists and Mathematicians», *Journal of Autism and Developmental Disorders* 31, n.º 1 (2001): 5–17, https://www.ncbi.nlm.nih.gov/pubmed/11439754.

bres. Pero difícilmente podemos llamar a una concentración en la inteligencia emocional discriminación positiva. Cuando todo lo demás es igual, los individuos con mayor inteligencia emocional merecen ser ascendidos, sean hombres o mujeres[120].

Además, se han descubierto índices más elevados de tres importantes competencias de liderazgo posibilitadas por una mayor inteligencia emocional en las mujeres: liderazgo transformacional, eficacia personal y autoconciencia. Ahora veremos con más detalle cada una de estas competencias.

Liderazgo transformacional

Tanto los líderes hombres con mayor inteligencia emocional como la mayoría de las mujeres que son líderes muestran un estilo de liderazgo transformacional. Esto implica que el líder se concentra en cambiar las actitudes y las creencias de los seguidores y hacer que se comprometan en un nivel emocional profundo en vez de decirles lo que deben hacer (por ejemplo, Michelle Obama u Oprah Winfrey). Los líderes más capaces de identificarse con las emociones y gestionarlas también son mejores a la hora de motivar a otras personas, y la mayor parte de la variabilidad en el liderazgo transformacional procede de niveles de inteligencia emocional[121].

---

120. Dana L. Joseph y Daniel A. Newman, «Emotional Intelligence: An Integrative Meta-Analysis and Cascading Model», *Journal of Applied Psychology* 95, n.º 1 (2010): 54–78, https://doi.org/10.1037/a0017286.

121. YoungHee Hur, Peter T. van den Berg y Celeste P. M. Wilderom, «Transformational Leadership As a Mediator Between Emotional Intelligence and Team Outcomes», *Leadership Quarterly* 22, n.º 4 (2011): 591–603, https://doi.org/10.1016/j.leaqua.2011.05.002.

Los líderes transformacionales destacan por convertir una visión en un plan de cambio viable y son un modelo a imitar fuerte para sus subordinados y seguidores. Además, los líderes y otras personas con alta inteligencia emocional también son mejores en los elementos transaccionales del liderazgo, como asignar tareas, controlar y gestionar el rendimiento de los empleados y fijar recompensas e incentivos.

Por otra parte, tanto los líderes con baja inteligencia emocional como los líderes varones es más probable que adopten un enfoque *laisser-faire*. Este estilo de liderazgo, caracterizado por un líder ausente, normalmente daña la moral y el rendimiento del equipo, ya que deja a los empleados sin rumbo ni propósito. En resumen, los estilos de liderazgo positivos están asociados con líderes de inteligencia emocional alta y la mayoría de las líderes, mientras que los estilos de liderazgo negativos están asociados con líderes de inteligencia emocional baja y la mayoría de los líderes varones.

En un estudio reciente, se mostró que el género afecta a los resultados del liderazgo y a la eficacia debido a las diferencias entre géneros en inteligencia emocional. Principalmente porque las mujeres tienen una mayor inteligencia emocional, los equipos de mujeres están más comprometidos y superan a los equipos dirigidos por hombres[122]. Quizás resulte más sorprendente que haya más probabilidad de que surjan estilos de liderazgo supuestamente asociados con hombres, como enfoques emprendedores o perturbadores, en líderes con mayor inteligencia emocional.

Evidentemente, todos estos indicadores de rendimiento femenino superior, en parte podrían deberse a los criterios

---

122. *Ibidem.*

de selección, más duros en el caso de las mujeres que en el de los hombres. Si realmente se aplican criterios más duros a las mujeres, hay menos argumentos para implantar estándares de selección similares en los líderes hombres.

La eficacia personal

A pesar de que la inteligencia emocional originalmente se consideraba una forma de inteligencia, hay pruebas sólidas que sugieren que representa, principalmente, la eficacia personal de un individuo o la capacidad de navegar los retos interpersonales diarios tanto desde el punto de vista emocional como social. Es evidente que la eficacia personal requiere un nivel mínimo de autocontrol y resiliencia, elementos críticos de la inteligencia emocional. Además, la inteligencia emocional está fuertemente asociada con la empatía, la capacidad de saber qué sienten y piensan otras personas. Y para ser efectivo en cualquier otro aspecto de tu vida personal tienes que ser capaz de influir en otras personas, y la empatía te ayuda a hacerlo.

Las mujeres líderes son más empáticas que los hombres. Independientemente del tipo de empatía evaluado, la mayoría de las mujeres, desde una edad temprana, tienen más empatía que los hombres; esta diferencia entre géneros es más grande que para la mayoría de los demás rasgos de personalidad[123]. La capacidad de los líderes empáticos de ver pro-

123. Jill E. Rogstad y Richard Rogers, «Clinical Psychology Review Gender Differences in Contributions of Emotion to Psychopathy and Antisocial Personality Disorder», *Clinical Psychology Review* 28, n.º 8 (2008): 1472–1484, https://doi.org/10.1016/j.cpr.2008.09.004.

blemas desde la perspectiva de otras personas hace que sean menos egocéntricos y más flexibles en la solución de problemas.

Puedes pensar que la vida es un test de coeficiente intelectual. Sin embargo, en la vida real, los problemas a los que te enfrentas no están bien definidos, ni tienen una respuesta correcta y objetiva. Por ejemplo, ¿debes decir a tu jefe que quieres aumento de sueldo? ¿Cómo puedes motivar a un empleado que parece desanimado? ¿Cuál es la mejor forma de conseguir que el público se implique con lo que le cuentas durante una presentación?

Nos encantaría encontrar respuestas lógicas y aparentemente objetivas a estas preguntas y a otros retos de la vida real, pero, pese a los miles de libros de autoayuda y vídeos de YouTube que pretenden tener las respuestas, no podemos saber con antelación las respuestas correctas a todos los dilemas de la vida. Incluso después de juzgar el resultado de ciertas acciones, nunca podemos estar seguros de los resultados que habrían producido las decisiones alternativas.

Estas restricciones hacen que la personalidad sea la mejor fuente de datos para predecir la probabilidad de que un individuo cuide de sí mismo con más eficacia en situaciones distintas. Por lo tanto, incluso si no sabemos las mejores respuestas a estas preguntas, algunas personas parecen encontrar estas respuestas más a menudo que otras, y la cualidad más generalizable que tienen es una mayor inteligencia emocional.

Por ejemplo, la resiliencia típica en líderes con inteligencia emocional les ayuda a hacer frente a la alta presión que experimentan y a recuperarse de la adversidad. Tal y como revela Sheryl Sandberg en su reciente libro *Opción B: afrontar la adversidad, desarrollar la resiliencia y alcanzar la feli-*

cidad (escrito en colaboración con Adam Grant), la directora de operaciones de Facebook tuvo que recuperarse de la pérdida de su marido, que murió de repente por un problema cardíaco mientras estaban de vacaciones[124]. ¿Qué es lo mejor que se puede hacer al enfrentarse a un acontecimiento tan trágico y devastador? A diferencia de los test de coeficiente intelectual, la vida no tiene respuestas correctas predefinidas. Incluso si las hubiera, ¿qué probabilidad hay de que alguien ponga en práctica esas respuestas mientras está inmerso en los retos que plantea la vida?

Recuperarse de los momentos difíciles es un problema de inteligencia emocional. El reto consiste en mantener la compostura y encontrar una forma de mantener la eficacia personal mientras estamos sumidos en circunstancias horribles y desestabilizadoras. Incluso para Sandberg, la respuesta distó de ser clara. Sin embargo, su resiliencia y su alta inteligencia emocional le permitieron mantener la compostura e intentar diversas opciones hasta encontrar una que funcionó. Al final, compartió su historia y sus sentimientos con los demás, primero en un blog, y, después, en su libro[125]. Esto no implica que otras personas en situaciones similares deban seguir su ejemplo, sino que es más probable que cualquier líder encuentre una solución que funcione si él o ella tiene una inteligencia emocional alta. Por las mismas razones, esperaríamos que Sandberg se recuperara de futuras adversidades con el espíritu de su apodo «la líder del Teflón».

---

124. Sheryl Sandberg y Adam Grant, *Opción B: afrontar la adversidad, desarrollar la resiliencia y alcanzar la felicidad*, Conecta, Barcelona, 2017.

125. Sarah Green Carmichael, «Sheryl Sandberg and Adam Grant on Resilience», *Harvard Business Review*, 27 de abril de 2017, https://hbr.org/ideacast/2017/04/sheryl-sandberg-and-adam-grant-on-resilience.

Una gran parte de la eficacia personal, que incluye la resiliencia, es el autocontrol. Décadas de investigación psicológica muestran que, desde una edad temprana, las mujeres muestran un nivel más elevado de autocontrol que los hombres, sobre todo porque las niñas y las mujeres tienen menos licencia para ser ellas mismas que los hombres[126]. Para un líder, el autocontrol es un antídoto importante frente a abusos de poder y otros comportamientos tóxicos. De hecho, la mayor parte de los comportamientos antisociales indican en parte la incapacidad de una persona de contener sus impulsos a corto plazo (la gratificación instantánea) a favor de metas menos problemáticas y más beneficiosas a largo plazo.

Veamos una interesante lección de historia sobre las ventajas del autocontrol: la crisis financiera mundial de 2008, que condujo al hundimiento de las principales instituciones financieras, a la pérdida de millones de puestos de trabajo y de hogares y, en varios países, al mayor rescate gubernamental de la historia. Estos efectos fueron particularmente evidentes en Islandia, un país con una población diminuta que había disfrutado de un crecimiento económico meteórico en la década anterior a la crisis, cuando su sistema bancario creció del 100% al 900% del PIB. Dos banqueras, horrorizadas por los riesgos que asumían sus compañeros hombres, decidieron lanzar Audur Capital, una empresa de servicios financieros destinada a promover valores «femeninos» en la banca. En congruencia con esta misión, Audur adoptó un enfoque mucho más prudente en sus inversiones, alejándose de ciertos productos bancarios con dificultades y de los bo-

---

126. Velmer S. Burton Jr. *et al.*, «Gender, Self-Control, and Crime», *Journal of Research in Crime and Delinquency* 35, n.º 2 (1998): 123–147, https://journals.sagepub.com/doi/10.1177/0022427898035002001.

nos basura tóxicos. En consecuencia, fue la única empresa islandesa que salió ilesa de la crisis. Y, a pesar de que Islandia ya fuera una nación líder en la igualdad entre hombres y mujeres, el éxito de Audur tuvo un gran impacto en el incremento aún mayor de la representación de las mujeres (líderes incluidas) en el trabajo: entre los años 2008 y 2017, Islandia ocupa el primer puesto del índice de igualdad entre hombres y mujeres del Foro Económico Mundial y dos de los recientes primeros ministros del país han sido mujeres (antes de la crisis no hubo ninguna).

En consonancia con la experiencia islandesa, un estudio publicado en 2009 por la CERAM, una escuela de negocios francesa, mostró que la presencia de mujeres líderes en el sector bancario tendía a tener un efecto positivo en sus empresas, al limitar los comportamientos de riesgo y la codicia desmesurada de los hombres. Más concretamente, los bancos con una ratio más alta de mujeres en puestos altos de gestión fueron más resilientes ante la crisis financiera. Esta ventaja también se reflejó en una caída menor del precio de las acciones tras la crisis. Por ejemplo, el grupo bancario internacional francés BNP Paribas, en el que el 39% de los jefes eran mujeres, vio que sus acciones caían un 20%, mientras que el Crédit Agricole, en el que solamente el 16% de los jefes eran mujeres, vio que su precio se desplomaba un 50%[127].

Un aspecto relacionado de la eficacia personal que mejora con la inteligencia emocional se refiere a la gestión de la ira. Pese a que solemos pensar que hay métodos rápidos y efectivos para aplacar la ira o la agresividad, estas emociones

---

127. Sylvia Ann Hewlett, «Women on Boards: America Is Falling Behind», *Harvard Business Review*, 3 de mayo de 2011, https://hbr.org/2011/05/women-on-boards-america.

negativas intensas son una función de la personalidad de la persona. Es evidente que todos nos enfadamos o nos ponemos agresivos bajo ciertas circunstancias, pero dos individuos en la misma situación reaccionarán de forma distinta y esa diferencia depende de su inteligencia emocional. El hecho de que las mujeres en general tengan una mayor inteligencia emocional explica por qué son menos volátiles que los hombres. Las investigaciones han relacionado las diferencias entre géneros en lo concerniente a la agresividad con la testosterona, que es sistemáticamente más alta en los hombres que en las mujeres[128]. De hecho, el mero trato de los hombres con las mujeres inhibe sus estallidos de testosterona, cosa que ayuda a los varones a retrasar la gratificación y los hace menos agresivos.

Autoconciencia

Desde el punto de vista histórico, la autoconciencia se ha definido como introspección o como el proceso de mirar dentro de uno mismo para mejorar el autoconocimiento. Pese a que este aspecto de la autoconciencia sea útil, sin duda, un aspecto más importante es comprender cómo afectas tú a los demás y qué piensan los demás de ti. Tal y como señaló la poeta Maya Angelou, «cuando alguien te muestre cómo es, créelo». En ese sentido, la autoconciencia trata realmente de la conciencia del otro, y las personas con más

---

128. Sari M. van Anders, Jeffrey Steiger y Katherine L. Goldey, «Effects of Gendered Behavior on Testosterone in Women and Men», *Proceedings of the National Academy of Sciences of the United States of America* 112, n.º 45 (2015): 13805–13810, https://doi.org/10.1073/pnas.1509591112.

inteligencia emocional son más capaces de comprender cómo sus acciones afectan a los demás y cómo son percibidas. Esta comprensión proporciona la base para cualquier desarrollo e intervención de *coaching*. Si de verdad quieres comprenderte a ti mismo, sáltate los seis meses en un *ashram* en la India y presta atención a cómo te ven los demás.

Igual que ocurre con la salud y la felicidad, la importancia de la autoconciencia es más evidente cuando no se tiene. Como el caso de los personajes de David Brent o Michael Scott de la serie de ficción hiperrealista *The Office*; el humor, tanto en la versión británica como en la estadounidense, de esta comedia de situación se basa por completo en que esos personajes no tienen ni idea de cómo los ven los demás. En cambio, como los líderes con conocimiento de sí mismos comprenden qué opinan los demás de ellos, pueden escoger una gama de comportamientos más efectivos y gestionar su reputación de una forma más satisfactoria.

Para medir la autoconciencia de los líderes, podemos calcular la diferencia entre las opiniones que tienen de sí mismos y las que tienen los demás sobre ellos. Cualquier análisis de 360 grados bien diseñado puede evaluar esta diferencia. Un repaso de la literatura especializada indica que esta brecha es mayor en líderes hombres que en líderes mujeres. Los índices propios de ellos son de alrededor del 0,3 de la desviación estándar más elevados que los de ellas. Esta estadística significa que se puede esperar que el 62% de los hombres se puntúen más alto que la mujer promedio[129].

---

129. Clive Fletcher, «The Implications of Research on Gender Differences in Self-Assessment and 360 Degree Appraisal», *Human Resource Management Journal 9*, n.º 1 (1999): 39–46, https://doi.org/10.1111/j.1748-8583.1999.tb00187.x.

Cabe destacar que las opiniones sobre uno mismo más precisas y más *críticas* (puntuarte a ti mismo más negativamente que lo que los demás te puntúan a ti) se asocian con un mayor rendimiento de liderazgo. Un líder que subestima su propio rendimiento es más probable que sea un líder mejor, quizás porque la humildad individual y la inseguridad relativa harán que se esfuerce más para tener éxito.

Como ocurre con tantas otras diferencias entre hombres y mujeres, la mayor autoconciencia de ellas (y la mayor probabilidad de que se vean de forma más negativa ellas mismas que los demás) se suele lamentar como una cosa más que las mujeres ambiciosas deberán arreglar o superar. Las mujeres tienen un nivel mayor de depresión y ansiedad, y las personas se pueden preocupar demasiado sobre lo que piensen los demás de él o ella. Y, sí, es un reto para muchas líderes mujeres aprender a lidiar con el mayor escrutinio al que se enfrentan. Pero la consecuencia de vivir bajo un microscopio (y aprender a verte tal y como te ven los demás) puede ser que ayude a las mujeres a convertirse en líderes mejores.

6

¿Cómo son los buenos líderes?

Si hubieras sido camarero en alguna cafetería de Edimburgo en la década de 1990, quizás habrías conocido a una madre soltera treintañera llamada Joanne. Llegaría a tu cafetería, pediría una taza de café y se sentaría allí durante un par de horas a escribir. A veces, llevaría consigo a su bebé dormida. Quizás le preguntarías cómo le iba la novela y ella te diría que otro editor la había rechazado.

El talento es muy difícil de detectar. De no ser así, doce editores habrían prestado atención a los libros de Joanne, que llevan vendidos más de cuatrocientos millones de ejemplares en todo el mundo. Quizás tú la conozcas como J. K. Rowling, la creadora de la serie de Harry Potter.

No hay ninguna duda de su talento, siete de los veinte libros más vendidos de todos los tiempos son suyos y estos libros representan unas ventas totales de más de quinientos millones de ejemplares, mucho más que cualquier otro autor[130]. Y, sin embargo, Rowling solamente consiguió publicar su primer libro a la edad de treinta y siete años, a cambio de un anticipo de 2.000 dólares, después de ser rechazada por tantos editores que no vieron su potencial.

---

130. Ver https://en.wikipedia.org/wiki/List_of_best-selling_books.

Pero vamos a ir por partes. Debemos distinguir el potencial del talento. Independientemente del ámbito de la competencia (deportivo, militar, ciencia, arte o negocios), en general, el talento denota un rendimiento superior en un campo concreto. Cuando un individuo logra cosas extraordinarias en su profesión y cuando estos logros no se pueden atribuir completamente a otros factores, como el trabajo, la suerte o el nepotismo, decimos que dicho individuo tiene talento. En cambio, el potencial es un talento en potencia o un talento incipiente. Es el talento antes de que sea visible, antes de que haya sucedido. Sería aconsejable que las organizaciones vieran el potencial como algo más valioso que el talento, porque deben competir ferozmente para identificar a futuros líderes lo antes posible y antes de que lo haga su competencia.

En este punto, reviste una importancia especial la cuestión de si alguien que todavía no ha dirigido nada puede ser un buen líder. En este contexto, el potencial es realmente una apuesta que las organizaciones hacen respecto a la capacidad de un individuo de mostrar talento para el liderazgo en el futuro, y no pueden confiar en el rendimiento del pasado para predecir este potencial cuando esas personas todavía no han realizado ese trabajo.

En general, las organizaciones confían en modelos sobresimplificados de potencial de liderazgo y se centran demasiado en un único factor (normalmente, el último grito en recursos humanos), pero pasan por alto el amplio abanico de determinantes del liderazgo. Al parecer, Amazon busca curiosidad, Twitter y Silicon Valley están obsesionados por una mentalidad de crecimiento, American Express quiere contratar a personas con determinación, y la lista de organizaciones que equiparan potencial de liderazgo con agilidad para aprender es demasiado larga para mencionarla. Cada vez más organizaciones desarrollan sus propios indicadores de potencial, normalmente con la etiqueta de «marcos de competencia». Los indicadores son un híbrido entre filosofías auténticas de identificación del talento y manifiestos elaborados de relaciones públicas que suelen representar deseos.

En cambio, las teorías científicas sobre liderazgo suelen desarrollarse aisladas de los problemas del mundo real de la empresa y tienen poca consideración por su implantación en la práctica. Está claro que esta brecha entre ciencia y práctica no es nada nuevo. Tal y como señaló el filósofo de la ciencia Karl Popper, los modelos pueden ser precisos o útiles, pero rara vez las dos cosas.

Entonces, ¿qué sabemos realmente sobre la esencia del potencial de liderazgo? A pesar de la investigación vasta y dispersa sobre el liderazgo, muchas pruebas sugieren que los líderes efectivos tienen ciertos atributos en común. Podemos dividir estas cualidades en categorías esenciales o «cubos» de potencial de liderazgo para predecir la probabilidad de que una persona se convierta en un líder efectivo. En lo que respecta a la literatura especializada, los mejores estudios son los metaanálisis, que agregan los resultados de cientos (o incluso miles) de estudios independientes en los que se comparan los atributos que diferencian mejor entre líderes efectivos e incompetentes. A partir de estos estudios, presento tres generalizaciones basadas en pruebas que deberían ayudar a las organizaciones a elegir mejores líderes.

El capital intelectual

El buen liderazgo requiere *capital intelectual*. Los componentes clave del capital intelectual (conocimiento experto del campo específico, experiencia y buen criterio) no solo permiten que los líderes lleven a cabo sus funciones específicas, sino que también les otorgan credibilidad ante sus seguidores. El filósofo alemán Martin Heidegger señaló que la diferencia principal entre personas con y sin pericia es que las primeras pueden pasar por alto los aspectos irrelevantes de un problema. Imaginemos a un experto que mira un tablero de ajedrez, una tienda de vinos o la cabina de un Boeing 747. Una persona con un fuerte capital intelectual rápidamente se concentrará en los componentes relevantes de una situación. En cambio, un novato se distraería con características irrelevantes y confundiría lo superfluo con lo importante. Las personas con un fuerte capital intelectual también son más capaces de confiar en su instinto cuando tienen que resolver problemas relacionados con el trabajo porque la experiencia y la pericia han hecho que su intuición se oriente a los datos. Pero, por definición, los expertos son una minoría.

Tal y como han mostrado una serie de estudios dirigidos por Amanda Goodall, de la Universidad de Londres, las organizaciones van mejor cuando están dirigidas por expertos en el campo en cuestión. Los hospitales tienen mejores resultados si sus líderes son médicos en lugar de empresarios o financieros. En el campo deportivo, los equipos de baloncesto van mejor cuando son gestionados por una estrella de ese deporte y los equipos de Fórmula Uno ganan más carreras si los dirige un ex piloto de carreras que cosechó éxitos[131]. Asi-

---

131. Amanda H. Goodall, Lawrence M. Kahn y Andrew J. Oswald, «Why Do Leaders Matter? A Study of Expert Knowledge in a Superstar Setting», *Journal of Economic Behavior and Organization* 77, n.º 3 (2011): 265–284, https://doi. org/10.1016/j.jebo.2010.11.001; Amanda H. Goodall y Ganna Pogrebna, «Expert Leaders in a Fast-Moving Environment», *Leadership Quarterly* 26, n.º 2 (2015): 123–142, https://doi.org/10.1016/j.leaqua.2014.07.009.

mismo, es más probable que una universidad destaque si su rector tiene formación científica y como investigador que si es un administrador profesional[132].

El capital intelectual de los líderes afecta al rendimiento del equipo impulsando la moral del mismo y el compromiso de los empleados. Por ejemplo, un estudio reciente dirigido por Benjamin Artz, de la Universidad de Wisconsin, examinó la conexión entre la pericia técnica de los líderes y el bienestar de sus equipos. Artz y sus compañeros estudiaron a treinta y cinco mil empleados de una amplia gama de organizaciones de Estados Unidos y el Reino Unido. Para evaluar la pericia técnica de los líderes, pidieron a los empleados que puntuaran afirmaciones como «Si fuera necesario, mi jefe sería capaz de hacer mi trabajo bastante bien» y «Mi jefe/a se labró sus ascensos en la empresa». Sus análisis revelaron que la pericia técnica de los líderes fue el factor de predicción más importante del compromiso de sus subordinados (¡incluso más que su sueldo!) Además, al examinar datos longitudinales de los equipos que cambiaron de líderes, Artz y su equipo destacaron un efecto causal claro: cuando un líder recientemente nombrado heredaba un equipo establecido en la organización, la moral del equipo aumentaba si el nuevo líder tenía un nivel más alto de pericia técnica que su predecesor/a[133].

---

132. Amanda H. Goodall, «Highly Cited Leaders and the Performance of Research Universities», *Research Policy* 38, n.º 7 (2009): 1079–1092, https://www.sciencedirect.com/science/article/abs/pii/S004873330900095X?via%3Dihub.

133. Benjamin Artz, Amanda H. Goodall y Andrew J. Oswald, «If Your Boss Could Do Your Job, You're More Likely to Be Happy at Work», *Harvard Business Review*, 29 de diciembre de 2016, https://hbr.org/2016/12/if-your-boss-could-do-your-job-youre-more-likely-to-be-happy-at-work.

La buena noticia es que, en general, las organizaciones son conscientes de la importancia del capital intelectual. Como era de esperar, los exámenes de los metaanálisis confirman que las cualificaciones formales y los méritos predicen si alguien será líder. Los análisis también muestran que, en todos los niveles de jerarquía, la competencia técnica de la persona y la experiencia predicen no solo su futuro rendimiento en el trabajo, sino también niveles más altos de creatividad, comportamientos prosociales dentro de la organización y menos comportamientos contraproducentes en el trabajo. Además, los líderes más cualificados reciben sueldos mejores, son ascendidos más y son elegidos para programas de formación y *coaching* con más frecuencia y cambian de puestos de trabajo más a menudo, sobre todo porque tienen más opciones que sus homólogos menos cualificados[134].

La mala noticia es que, pese a lo mucho que se habla de la importancia de la inteligencia emocional y las habilidades blandas, las organizaciones tienden a confiar demasiado en la pericia técnica. Está claro que es un elemento importante, tal y como acabamos de ver. Sin embargo, no basta para identificar el potencial de liderazgo, sobre todo cuando los empleados hacen la transición de colaborador individual a jefe o líder. Tanto si se trata de Wall Street o del sector farmacéutico como de Silicon Valley, todos los sectores tecnológicos con puestos de trabajo de alta complejidad que requieren coeficientes intelectuales elevados experimentan el mismo problema: un excedente de expertos técnicos con un talento limitado para el liderazgo. El rendimiento pasado suele ser

---

134. Thomas W. H. Ng y Daniel C. Feldman, «How Broadly Does Education Contribute to Job Performance?», *Personnel Psychology* 62 (2009): 89–134, https://doi.org/10.1111/j.1744-6570.2008.01130.x.

un buen indicador del rendimiento futuro, salvo cuando cambia el contexto. Y, ¡sorpresa!, cuando alguien pasa de un puesto que implica trabajar de forma independiente y resolver problemas bien definidos y algorítmicos a otro que requiere liderar a otras personas, la mayoría de las personas dejarán de funcionar tan bien como antes.

Otra razón para no confiar demasiado en la inteligencia es que, a medida que el aprendizaje automático y la inteligencia artificial se tornen más sofisticados, podrán resolver enigmas intelectuales mejor que nosotros. Paradójicamente, la era de la inteligencia artificial es probable que acabe haciendo hincapié en el lado emocional del liderazgo: como los líderes no pueden superar a las máquinas en lo relativo a la gestión de datos, información o problemas bien definidos, competirán sobre todo en su capacidad para gestionar a personas.

El capital social

Incluso cuando los líderes muestran un fuerte potencial respecto a su capital intelectual, su *capital social* resulta clave. El capital social hace referencia a la red y las conexiones que tienen los líderes a su disposición. Como decía David Ogilvy, el mago y magnate de la publicidad que inspiró al personaje de Don Draper de la serie *Mad Men*: «Tener contactos significa tener contratos». Las personas que conoces determinan no solo cómo lideras, sino también si lideras allí donde operes.

Gran parte de las investigaciones sobre psicología de las organizaciones sugiere que los individuos son más efectivos como líderes cuando tienen conexiones más amplias y profundas dentro y fuera de sus organizaciones[135]. Como el liderazgo es, en esencia, un proceso de influencia, los que forman relaciones más amplias y ricas con los demás seguro que estarán en mejor posición para influir. De hecho, la investigación sugiere que uno de los mejores indicadores de la influencia de un líder (no solo en el campo de los negocios, sino también en política y en el terreno militar) es lo importante que sea esa persona en la red de la organización[136]. Puedes calcular la importancia de la red de una persona usando cuestionarios tradicionales de autoinforme. Preguntas a los miembros de la organización si tienen una relación estrecha con los demás, dónde buscan consejo y a quiénes consideran una fuente de conocimiento y pericia. Otra opción es utilizar mediciones pasivas, como datos de mensajes de correos electrónicos contextuales: con cuántas personas se conecta regularmente, con qué frecuencia y que interconexión se mantiene.

Pensemos en el caso de un individuo que tiene un tráfico de correos electrónicos habitual que muestra que está conectado con un grupo más grande y diverso de personas que no están fuertemente interconectadas a través de su correo electrónico habitual. Podríamos esperar que dicho individuo ejerza más influencia y tenga más potencial de liderazgo que alguien que solamente esté conectado con un pequeño grupo de personas interconectadas. Por lo tanto, el éxito y la influencia de los líderes tienden a aumentar con la profundidad

135. Prasad Balkundi y Martin Kilduff, «The Ties That Lead: A Social Network Approach to Leadership», *Leadership Quarterly* 17, n.º 4 (2006): 419–439.

136. Dimitrios C. Christopoulos, «The Impact of Social Networks on Leadership Behaviour», *Methodological Innovations* 9 (2016): 1–15, https://doi.org/10.1177/2059799116630649.

y la densidad de su red. Como reza el dicho (a menudo atribuido a Johann Wolfgang von Goethe): «Una gran persona atrae a grandes personas y sabe cómo mantenerlas juntas».

La importancia del capital social también se refleja en el valor que dan la mayoría de las personas a las referencias personales y a las cartas de recomendación. Las opiniones de los demás todavía tienen un gran peso en la selección de los líderes. A pesar de que los metaanálisis sugieran que las referencias no son un fuerte indicador del rendimiento en el trabajo, cualquier candidato para un puesto tendrá dificultades para competir contra una persona que llegue muy recomendada o aprobada por alguien próximo a quien toma la decisión[137]. Las personas confían en el boca a boca en todas las áreas de la vida, y el potencial de liderazgo no es una excepción. Pese a que la mayoría de las personas no sean muy buenas a la hora de juzgar este potencial, su opinión tiene consecuencias.

Las decisiones basadas en el capital social de una persona pueden ser sutiles e implícitas, como cuando los jefes que se encargan de la contratación alaban a un candidato porque «encaja mucho en nuestra cultura». En realidad, lo que quieren decir es que esa persona parece formar parte de la tribu o grupo exclusivo al que pertenece el jefe que van a contratar (y el grupo dominante). Los indicadores tácitos de este fuerte encaje en la cultura pueden incluir la universidad (por ejemplo, una universidad selecta con fuerte re-

---

137. Frank L. Schmidt, In-Sue Oh y Jonathan A. Shaffer, «The Validity and Utility of Selection Methods in Personnel Psychology: Practical and Theoretical Implications of 100 Years of Research Findings», documento de trabajo, octubre de 2016, https://www.researchgate.net/publication/309203898_The_Validity_and_Utility_of_Selection_Methods_in_Personnel_Psychology_Practical_and_Theoretical_Implications_of_100_Years_of_Research_Findings.

presentación en la organización), un historial técnico (por ejemplo, ingeniería, derecho, un MBA), una religión o una etnia. Un elemento que quizás sea más importante es que el capital social se suele confundir con el estatus socioeconómico. Ocurre no solamente en los países que han sido bastante explícitos sobre este punto históricamente (la India y Gran Bretaña), sino también en los que tienen fuertes ideales meritocráticos. Por ejemplo, en Estados Unidos, el 50% del éxito de la carrera profesional de una persona está determinado por el éxito profesional de sus padres. Tal y como señaló recientemente Matthew Stewart en *The Atlantic*: «En Estados Unidos, ya has jugado medio partido en función del éxito profesional de tus padres»[138]. Evidentemente, el estrecho vínculo entre éxito y nivel socioeconómico no ha sido siempre igual. Hasta la década de 1970, los estadounidenses treintañeros tenían un 90% de posibilidades de ganar más que sus padres; es decir, lo más cerca de cierto ascenso social que es posible. Hoy en día, dicha posibilidad es solo del 50%[139].

El capital psicológico

Por último, el buen liderazgo requiere *capital psicológico*; es decir, cómo liderará la persona y si utilizará sus capacidades. Para responder a estas preguntas, tenemos que comprender

---

138. Matthew Stewart, «The 9.9 Percent Is the New American Aristocracy», *Atlantic*, junio de 2018, www.theatlantic.com/magazine/archive/2018/06/the-birth-of-a-new-american-aristocracy/559130.

139. Lauren Leatherby, «US Social Mobility Gap Continues to Widen», *Financial Times*, 16 de diciembre de 2016, www.ft.com/content/7de9165e-c3d2-11e6-9bca-2b93a6856354.

a los líderes en tres dimensiones cruciales del carácter: el lado bueno, el lado oscuro y el meollo de la personalidad[140].

El lado bueno

El *lado bueno* incluye la inteligencia, que es la capacidad de aprendizaje general de una persona y los rasgos de personalidad principales, como extraversión y ambición, que representan las predisposiciones típicas de esa persona. Este lado refleja lo que hace alguien cuando está en su mejor momento, y lo que suele hacer en el trabajo cuando se esfuerza por mostrar los mejores atributos de su trabajo.

De acuerdo con metaanálisis de cincuenta años de investigación en indicadores clave de la eficacia del liderazgo del capital psicológico, rasgos de personalidad del lado bueno como curiosidad, extraversión y estabilidad emocional explican alrededor del 40% de la variabilidad entre el rendimiento de los líderes[141]. Un metaanálisis concreto mostró que la inteligencia (que no está relacionada con la personalidad) también predice las diferencias individuales en liderazgo[142]. Estos descubrimientos no implican que los líderes deban tener todos esos rasgos para tener potencial,

---

140. Tomás Chamorro-Premuzic, *The Talent Delusion: Why Data, Not Intuition, Is the Key to Unlocking Human Potential*, Piatkus, Londres, 2017.

141. Timothy A. Judge *et al.*, «Personality and Leadership: A Qualitative and Quantitative Review», *Journal of Applied Psychology* 87, n.º 4 (2002): 765–780, https://doi.org/10.1037//0021-9010.87.4.765.

142. Timothy A. Judge, Amy E. Colbert y Remus Ilies, «Intelligence and Leadership: A Quantitative Review and Test of Theoretical Propositions», *Journal of Applied Psychology* 89, n.º 3 (2004): 542–552, https://psycnet.apa.org/doiLanding?doi=10.1037%2F0021-9010.89.3.542.

sino que los que los tienen es mucho más probable que sean efectivos.

Incluso unos pocos rasgos del lado bueno pueden tener un gran impacto en la huella que deja un líder. Por ejemplo, la estabilidad emocional de Nelson Mandela explica cómo pudo cumplir veintisiete años injustos de condena y perdonar a sus enemigos tras ser liberado. O la ambición de Coco Chanel, que le permitió escapar de la pobreza para crear una de las marcas de lujo más admiradas de la historia. O la curiosidad de Jeff Bezos, que ha convertido a Amazon en una de las empresas más innovadoras del mundo y a Bezos en uno de los hombres más ricos de la historia.

El lado oscuro

El *lado oscuro* refleja aspectos menos deseables de la personalidad, como el narcisismo y la psicopatía que hemos analizado anteriormente, que dificultan la capacidad del líder para construir y mantener un equipo de alto rendimiento y contribuir al éxito a largo plazo del equipo y la organización. En cualquier sector y en cualquier momento, no faltan líderes que sean brillantes desde el punto de vista técnico, que tengan un lado bueno claramente exitoso, pero que sean incapaces de controlar los elementos contraproducentes o autodestructivos de su personalidad. Tal y como mencioné en el capítulo 3, el narcisismo y la psicopatía son dos rasgos del lado oscuro que se suelen asociar con el liderazgo, pero hay muchos más.

En 1997, los psicólogos Robert y Joyce Hogan crearon una metodología defendible desde el punto de vista científico para evaluar el narcisismo, la psicopatía y otros nueve rasgos del lado oscuro que hacen que los líderes descarrilen. Desde entonces, su evaluación HDS (Encuesta de Desarrollo Hogan), comercializada por la empresa Hogan Assessments, ha sido adoptada ampliamente para detectar las necesidades de *coaching* y desarrollo de los líderes[143].

Tras analizar el perfil de millones de personas, los datos de Hogan sugieren que la mayoría de las personas muestran como mínimo tres de estos rasgos del lado oscuro. Es más, alrededor del 40% puntúan lo suficientemente alto en uno o dos rasgos para estar en riesgo de futuro descarrilamiento, aunque en la actualidad tengan éxito y sean efectivos.

Los rasgos del lado oscuro se pueden dividir en tres grupos. El primero está formado por los *rasgos de distanciamiento*, desconexiones obvias que apartan a los líderes de los demás. Por ejemplo, ser muy nervioso y temperamental; o tener una actitud profundamente escéptica o cínica, que hace que sea difícil generar confianza. Otro ejemplo es la agresividad pasiva informal; es decir, fingir tener una actitud relajada y educada mientras que, al mismo tiempo, el individuo se resiste a cooperar o incluso da puñaladas por la espalda.

El segundo grupo consta de *cualidades de seducción* para atraer a la gente. Estos rasgos suelen encontrarse en líderes asertivos y carismáticos, que reúnen a seguidores o ganan influencia con jefes a través de su capacidad de promocionarse a sí mismos. El narcisismo y la psicopatía están en este grupo.

El tercer grupo es el de los *rasgos para congraciarse* con los demás, que pueden tener una connotación positiva en los

---

143. En aras de la transparencia: he trabajado como CEO de Hogan en los últimos años y todavía mantengo una asociación estrecha con esta empresa.

seguidores, pero rara vez la tienen en los líderes. Alguien diligente, por ejemplo, puede intentar impresionar al jefe con una meticulosa atención al detalle, pero esta atención también se puede traducir en una preocupación por asuntos insignificantes o por la microgestión de los colaboradores directos de esa persona. Alguien que es cumplidor y que desea complacer a los que tienen la autoridad es fácil que llegue a ser demasiado sumiso.

El meollo

El *meollo* de la personalidad de los líderes se refiere a sus valores, que funcionan como una brújula moral interna y determinan lo bien que encajarán los líderes con la cultura de la organización y qué tipo de cultura crearán. Por ejemplo, los líderes que valoran la tradición tendrán un fuerte sentido de lo correcto y lo incorrecto, preferirán organizaciones jerárquicas y tolerarán poco la perturbación y la innovación. Les costará estar en un entorno creativo. En cambio, los líderes que valoran la filiación tendrán un fuerte deseo de llevarse bien con los demás y se concentrarán en construir y mantener fuertes relaciones interpersonales y en trabajar de forma colaborativa. Estos líderes no estarán comprometidos si sus roles están demasiado aislados y las culturas de la empresa son demasiado individualistas. Por último, los líderes altruistas se esforzarán para mejorar la vida de los demás e impulsar el progreso del mundo, por lo que sufrirán si sus organizaciones solo están orientadas a conseguir beneficios.

En resumen, si alguien tiene el capital intelectual, el capital social y el capital psicológico adecuados, tendrá más potencial para ser un buen líder. Pero no existen garantías. Veamos la razón.

El talento para el liderazgo: la personalidad en el lugar correcto

Pese a que la esencia del talento para el liderazgo sea universal, el contexto en el que está un líder perfilará cómo se comporta o debería comportarse y cómo se le evalúa.

En consecuencia, hay líderes que pueden ser populares en algunas culturas, pero no en otras (por ejemplo, Vladimir Putin o Hugo Chávez) y muchos directivos de alto rendimiento puede que tengan dificultades cuando pasan de una cultura a otra. Por ejemplo, de Alemania a Indonesia o de una organización no gubernamental a una *start-up* de tecnología financiera.

Veamos dos ejemplos famosos. Winston Churchill fue un líder brillante durante la guerra, cuando su obstinación y su paranoia eran rasgos valiosos, pero fue mucho menos efectivo durante la paz, por las mismas razones. Walt Disney fue despedido de su puesto de periodista en el periódico *Kansas City Star* porque no tenía buenas ideas, según su jefe. Oprah Winfrey fue despedida de su primer trabajo como presentadora de TV por «implicarse demasiado emocionalmente» con sus historias. Y, en julio de 2018, Donald Trump disfrutó de un índice de aprobación de un mero 8 % entre los demócratas pero de un 87 % en filas republicanas. Es difícil encontrar un ejemplo actual mejor de un líder polarizante, y la polarización implica que el rendimiento (o, como mínimo, nuestra visión sobre este) sea contextual. Si el talento es personalidad en el lugar adecuado, el contexto, obviamente, importa tanto como la personalidad del líder.

Por este motivo, los investigadores examinan la relación entre liderazgo y cultura. Esta relación se define en términos generales como los estándares sobre cómo debería comportarse la gente y qué debería valorar y aprobar en un marco determinado. Hoy en día, es habitual que las organizaciones anuncien sus principios culturales como manifiestos públicos: «No seas malo», de Google; «Muévete rápido y rompe las cosas», de Facebook; «Piensa diferente», de Apple, y otros más antiguos como «Mantente delgado para ir rápido», de GE, «Kaizen», de Toyota y «Humildad y fuerza de voluntad», de IKEA.

Estas declaraciones reflejan el intento de las organizaciones de traducir sus culturas a simples mantras que proporcionen un código de conducta de un orden más elevado y que sirva de guía de comportamiento a los empleados y reduzca la incertidumbre. Una de las descripciones más sencillas y mejores de cultura es «cómo hacemos las cosas aquí», de Google. La cultura de una organización refleja los valores de sus líderes, sobre todo los de sus fundadores[144]. De hecho, todos los eslóganes de más arriba se aplican tanto a las culturas de esas organizaciones como a las filosofías de sus fundadores. Por ejemplo, cuando los senadores estadounidenses pidieron a Mark Zuckerberg que explicara un fallo de privacidad en los datos de Facebook, el CEO y fundador lo justificó diciendo que cualquier empresa que crece así de rápido

---

144. Robert Hogan y Tomás Chamorro-Premuzic, «Personality and the Laws of History», en *The Wiley-Blackwell Handbook of Individual Differences*, ed. Tomás Chamorro-Premuzic, Sophie von Stumm y Adrian Furnham, WileyBlackwell, Hoboken, NJ, 2011, 491–511, https://doi.org/10.1002/9781444343120.ch18.

inevitablemente cometerá errores. En otras palabras: «romperá cosas». Por lo tanto, hay tanta variabilidad en la cultura de los grupos y las organizaciones como en los valores de los individuos.

¿Cómo varía el liderazgo a través de las culturas? A pesar de que todas las culturas (incluso las pymes, las empresas *Fortune* 100 y las naciones) están mejor atendidas por parte de líderes con más y no con menos integridad, competencia y don de gentes, en un nivel más detallado, determinadas diferencias en el estilo de liderazgo también harán que alguien sea más efectivo como líder. El clásico marco para comprender estas diferencias estilísticas es el modelo de cultura del psicólogo social Geert Hofstede, que desarrolló a través de una comparación de las distintas actitudes y valores de la gente de IBM de todo el mundo[145]. Este modelo identificó cuatro aspectos principales de las diferencias culturales en comportamientos relacionados con el trabajo, incluido el liderazgo:

DOMINIO: las culturas difieren en su grado de dominio. Unas tienen culturas dominantes con líderes asertivos, arrogantes y autoritarios. Como cabría esperar, esta dimensión de la cultura se asocia con preferencias más fuertes por líderes que sean hombres y una mayor resistencia a que los líderes sean mujeres. Además, las culturas de dominio alto serán menos receptivas a los líderes hombres que se comportan de una forma más consultiva, afectuosa y empática, con implicaciones claras para la diversidad de género: las

---

145. Geert Hofstede, Gert Jan Hofstede y Michael Minkov, *Culturas y organizaciones: el software mental*, Alianza Editorial, Madrid, 2011.

culturas dominantes no tendrán ningún problema en ser lideradas solamente por hombres y esperarán que dichos hombres se comporten de una forma típicamente masculina. Algunos ejemplos de culturas nacionales de alto dominio son México, Japón y Nigeria, mientras que son países de dominio bajo Suecia, Islandia y Noruega[146]. Respecto a los sectores industriales caracterizados por culturas de alto rendimiento, incluyen la banca, el derecho y la industria militar, mientras que sectores de dominio bajo serían la educación, las relaciones públicas y las empresas sin ánimo de lucro.

ESPONTANEIDAD: las culturas también difieren en su nivel de confort con la espontaneidad y la improvisación. Las culturas espontáneas aceptan la incertidumbre. No necesitan planearlo todo y pueden funcionar sin un conjunto de reglas claro ni procesos bien definidos. Para tener éxito en esas culturas, los líderes tendrán que ser altamente adaptables y hábiles a la hora de improvisar. En cambio, las culturas que carecen de espontaneidad se regirán por reglas e impondrán un conjunto de reglas claras tanto para empleados como para líderes, que tenderán a experimentar incertidumbre e incomodidad cuando se les pida que tomen decisiones independientes. Como ejemplos de culturas nacionales espontáneas tenemos a Argentina y Brasil, mientras

---

146. Encontrarás un recurso gratuito fantástico para comparar normas de distintos países en Hofstede Insights, «Compare Countries», accedido el 9 de septiembre de 2018, www.hofstede-insights.com/product/compare-countries.

que países con culturas más prudentes serían Singapur y Japón. En general, las culturas de alta espontaneidad favorecerán a los líderes que son hombres, ya que los hombres son menos concienzudos y organizados y menos reacios a asumir riesgos que las mujeres.

INDIVIDUALISMO: tal y como denota el significado habitual de esta palabra, las culturas individualistas recompensan las acciones independientes y tienden a celebrar los logros de los individuos más que de los equipos. En estas culturas, los límites entre grupos de pertenencia y de no-pertenencia serán relativamente amplios y los líderes serán elogiados por su disconformidad y por su originalidad. Destacar un objetivo deseable tanto para empleados como para líderes, suele ser un inconveniente para la actividad del grupo. Como era de esperar, la gente aspira al liderazgo más a menudo en culturas individualistas porque el liderazgo en sí mismo se considera una forma de destacar de la multitud. En cambio, en las culturas colectivistas, el centro de atención son los logros del equipo y no los individuales, y tienen una mayor preferencia por líderes que son discretos y humildes. Los líderes de culturas individualistas tendrán más libertad de acción para tomar decisiones sin ayuda y tendrán poder para el procedimiento, mientras que las culturas colectivistas saborearán el consenso y la toma de decisiones democrática. Algunos ejemplos de países individualistas son Estados Unidos, el Reino Unido y Australia, y como colectivistas tenemos a China,

Corea del Sur e Indonesia. El individualismo es un principio cultural destacado en la banca y el mundo académico, mientras que el colectivismo es más común en el campo militar y en los deportes profesionales. En general, las culturas individualistas beneficiarán a los líderes que sean hombres, porque las mujeres, en general, están más orientadas al equipo y son más colectivistas, como empleadas y también como líderes.

ESTATUS: las culturas también difieren en su aceptación del estatus. Las culturas orientadas al estatus consideran que las grandes diferencias de poder entre los individuos son naturales y aceptan que ciertas personas siempre serán mejores que otras. Cuando aparece un líder en este tipo de cultura, se le concederán más privilegios y autoridad. En estas culturas, las desigualdades sociales y económicas serán mayores. Habrá mayor probabilidad de que los subordinados acepten al líder basándose en su estatus social, y no en su talento. Del mismo modo, los subordinados de estas culturas en general dudan a la hora de criticar a sus líderes, así que estos últimos rara vez se beneficiarán de que la gente que les rinde cuentas les ofrezca un *feedback* ascendente o una crítica constructiva. En cambio, las culturas con orientación al estatus bajo serán más igualitarias y meritocráticas. Tendrán más predisposición a aceptar la diversidad de género y a tolerar (incluso a elegir) a líderes de fuera del *statu quo*. Entre los ejemplos de países que aceptan el estatus se incluyen China, la India y Nigeria, y algunos de los países que rechazan diferencias de estatus naturales son los Países Bajos, Alemania y Dinamarca. Los sectores de estatus elevado engloban el mundo militar, el funcionariado y la sanidad, y los de estatus bajo, los medios de comunicación, el entretenimiento y el mundo de las *start-ups* tecnológicas. Como las culturas de estatus elevado tienden a adoptar la tradición y el *statu quo*, en general, las mujeres tendrán más difícil llegar a ser líderes en este tipo de culturas.

En última instancia, si las organizaciones quieren resolver la fórmula para el liderazgo efectivo al nivel más detallado, pueden pasar por alto las categorías más grandes de cultura, como país, sector e incluso prácticas de empresa y comparar a líderes de alto rendimiento dentro de puestos de trabajo deseados. Suponiendo que una organización tenga suficientes ejemplos y datos pasados sobre líderes de alto y bajo rendimiento, puede descubrir qué tiene un buen (y un mal) líder en un puesto de trabajo concreto. Evidentemente, lo que ha funcionado en el pasado puede que no funcione necesariamente en el futuro. Sin embargo, las organizaciones tienden a magnificar el impacto del cambio y obsesionarse por las circunstancias cambiantes. En general, esta actitud provoca que haya grupos que no entiendan bien lo básico o que conviertan ese hecho en una excusa para no intentarlo.

Cómo entender lo fundamental

Si la fórmula para el potencial para el liderazgo no es tan compleja y la esencia del talento para el liderazgo es casi universal, ¿por qué no hay más organizaciones que la entiendan? Para comprenderla y mejorar la calidad de sus líderes, las organizaciones deben abordar cinco errores habituales respecto a cómo ven el liderazgo (tabla 6-1). Tal y como se muestra en la tabla, las organizaciones suelen definir a un líder como la persona que está al mando o que está en una posición formal de poder. Sin embargo, la visión de un líder basada en pruebas es que es alguien capaz de alinear a un grupo para perseguir un objetivo común. Por lo tanto, hay personas que puede que no estén en una posición de autoridad, pero actúen como líderes al animar a la gente a trabajar juntos como una unidad coordinada. Asimismo, hay personas que están formalmente al mando, pero que no actúan como líderes o tienen poco talento para conformar un equipo ganador. Este conflicto entre la verdadera capacidad y la asignación del liderazgo suele surgir cuando los empleados son recompensados con un puesto de liderazgo debido a su rendimiento pasado como colaboradores individuales. En estas circunstancias, el liderazgo es más un título simbólico o un reconocimiento por el esfuerzo pasado que un recurso real para el equipo o la organización.

Tal y como se señala en la tabla, la meta clave de un buen líder no es llegar a lo alto de un grupo u organización, sino ayudar al equipo a superar a sus rivales. Esta meta es obvia en el deporte profesional, que tiene objetivos y reglas claros y un rendimiento que se puede juzgar de forma objetiva. En cambio, no es tan evidente en la mayoría de las organizaciones.

Tabla 6-1

Liderazgo: comparación entre la percepción común (equivocada) y la visión científica del liderazgo		
Aspecto del liderazgo	Percepción común	Visión basada en pruebas
Definición de líder	Persona al mando o persona con poder	Persona que construye un equipo ganador
Meta del líder	Llegar a lo más alto, tener éxito	Ayudar al equipo a superar a los rivales
Rendimiento del líder	Es igual al éxito de la carrera del líder	Depende del rendimiento del equipo
Rol de los subordinados	Ayudar al líder a tener éxito	Estar unidos para lograr una meta común
Atributos clave del líder	Seguridad en sí mismo y carisma	Competencia e integridad

En consecuencia, las organizaciones suelen asumir que el éxito de la carrera profesional de un líder refleja su rendimiento. Cuanto más alto haya llegado el líder, más talento debe tener.

Para juzgar el talento de un líder, tenemos que considerar el rendimiento de su equipo de una forma objetiva. Pero la evaluación objetiva puede resultar confusa debido a la falta de casos comparativos, la existencia de factores confusos o, simplemente, datos ruidosos o insuficientes. A pesar de estas dificultades, las organizaciones deben intentar evaluar el rendimiento del equipo. Si eso falla, podemos ver la moral del equipo como una alternativa buena porque es a la vez causa y consecuencia de un rendimiento del equipo alto y porque los equipos saben cómo se comportan sus líderes. Además, la meta de los subordinados no es ayudar a sus líderes a lograr un mayor éxito personal sino una meta común, cosa que el líder debe facilitar. Es evidente que los rasgos del líder que trabajarán para lograr dicha meta común no son el carisma ni la confianza en sí mismo, sino la competencia y la integridad.

7

¿Cómo aprender a desconfiar de nuestros instintos?

Paso mucho tiempo intentando enseñar a las organizaciones a identificar a líderes mejores. Aunque te imagines que las organizaciones (sobre todo las grandes multinacionales) son muy sofisticadas en su selección de liderazgo, una interacción con sus líderes muestra que no es lo que ocurre en realidad. La siguiente es una conversación que tuve recientemente con un ejecutivo sénior de un importante banco de inversiones:

> *Yo*: ¿Cómo sabe si alguien tiene potencial de liderazgo?

> *Ejecutivo del banco*: ¡Es que eso se sabe!

> *Yo*: ¿Qué quiere decir exactamente?

> *Ejecutivo del banco*: Pues eso, que lo sé en cuanto lo veo.

Si esta es la actitud que hay en una de las organizaciones más grandes y con más éxito del mundo, ¿qué podemos esperar de empresas normales y corrientes?

En un estudio reciente que llevé a cabo con el Corporate Research Forum, un pequeño *think tank*, el 75% de los líderes de recursos humanos de las empresas globales más importantes señalaba que el enfoque más común para determinar si alguien tenía potencial para el liderazgo era la opinión subjetiva del jefe de esa persona[147]. Teniendo en cuenta que las organizaciones están interesadas en, como mínimo, parecer objetivas, podemos imaginar que el índice real de decisiones intuitivas es aún más alto.

¿Por qué se confía tanto en la intuición? Pocas organizaciones son buenas a la hora de medir el rendimiento de sus líderes. A pesar de que las organizaciones suelan obsesionarse por identificar el potencial para el liderazgo, rara vez se molestan en comprobar si sus elecciones han acabado siendo acertadas.

Sin embargo, una vez que las organizaciones comprenden las cualidades que deberían buscar, no les debería costar mucho detectarlas. Al contrario de lo que se piensa, existen métodos robustos para identificar el potencial para el liderazgo desde hace décadas y hay ciertos criterios muy sencillos para probar si funcionan. Pero ahí está el problema: nos encanta confiar en nuestro instinto, aunque esté equivocado.

Como espero que haya quedado claro ya, las organizaciones no suelen acertar al escoger a los líderes. ¿Por qué no se dan cuenta de que sus métodos fallan? Por una razón: porque la gente que evalúa a los líderes es la misma que los contrata y los asciende. El ejemplo más común es cuando los candidatos que son contratados, basándose en cómo les

---

147. Tomás Chamorro-Premuzic y Gillian Pillans, «Assessing Potential: From Academic Theories to Practical Realities», *Corporate Research Forum* (2016): 1–5.

fue la entrevista, son evaluados posteriormente por las mismas personas que los eligieron. Es decir, un entrevistador toma una mala decisión y, más tarde, le piden que verifique si la decisión fue acertada. En estas situaciones, el jefe que ha contratado a alguien ni siquiera tiene que hacer trampas conscientemente para ocultar el error anterior. El mismo sesgo que hace que los jefes contraten al candidato equivocado desde un principio continuará contaminando sus evaluaciones del rendimiento del candidato una vez que este último esté en el puesto de trabajo. Y todo esto se exacerbará aún más cuando los hechos objetivos sobre el rendimiento del candidato sean difíciles de obtener (o fáciles de pasar por alto o malinterpretar).

Los errores de diseño que contaminan las decisiones de la organización respecto al potencial para el liderazgo se aplican tanto a hombres como a mujeres, pero a la vista de los resultados, las mujeres acaban siendo más perjudicadas que los hombres. Muchos artículos y libros han resumido esta investigación, pero, por decirlo de manera simple, las mujeres son castigadas por mostrar muchos rasgos considerados cruciales para que aparezca el liderazgo. La ambición, la asunción de riesgos, la asertividad y otros rasgos similares son mal vistos en las mujeres por ser típicamente masculinos. Sin embargo, cuando una mujer no muestra dichos rasgos (o sea, cuando se comporta de una forma tradicionalmente femenina) se la descarta fácilmente por no parecer un líder[148].

Veamos el caso de Hillary Clinton. Durante las últimas elecciones presidenciales fue criticada reiteradamente por

---

148. Naomi Ellemers, «Gender Stereotypes», *Annual Review of Psychology* 69 (2018): 275–298.

ser fría, ambiciosa, impasible y robótica. Aunque estos adjetivos la describan acertadamente, tendrían una connotación mucho menos negativa si se hubieran asociado con un hombre. ¿Cuándo fue la última vez que un líder hombre fue acusado de ser alguna de esas cosas? ¿Cuándo una acusación de ese tipo perjudicó a su posibilidad de ser líder? Al mismo tiempo, la única alternativa para Hillary Clinton era ser clasificada como mujer, algo inevitable, dado que era la primera candidata femenina que había sido nominada para la presidencia por parte de un partido grande. El hecho de que fuera una mujer significaba que era atacada por ser débil y carecer de estamina. Por lo tanto, es evidente que las mujeres se enfrentan a un círculo vicioso para abordar los sesgos generalizados que subyacen en el estereotipo de la gente de lo que es un buen líder. Cuando muestran rasgos típicamente masculinos, se las descarta por no ser una mujer característica; cuando muestran rasgos típicamente femeninos, son descartadas por no ser un líder típico. Por lo tanto, las mujeres deben estar más cualificadas que los hombres para tener los mismos puestos de liderazgo[149].

Para superar esos sesgos y contratar a los líderes adecuados, las organizaciones deben poner en marcha parámetros sólidos para evaluar el rendimiento del liderazgo, minimizando su excesiva confianza en decisiones subjetivas. El rendimiento de un líder es la suma de acciones que conducen a lograr las metas de la organización, y medir objetivamente el rendimiento del líder permite que la organización determine

---

149. Karen S. Lyness y Angela R. Grotto, «Women and Leadership in the United States: Are We Closing the Gender Gap?», *Annual Review or Organizational Psychology and Organizational Behavior 5* (2018): 227–265, https://doi.org/10.1146/annurev-orgpsych-032117-104739.

si su proceso de selección de liderazgo funciona de verdad. Si no sabes en qué te equivocas, no puedes mejorar, salvo que lo consigas por pura casualidad.

Cómo medir el capital intelectual, o el problema con las entrevistas

¿En qué señales clave deberían concentrarse las organizaciones si quieren detectar el verdadero potencial para el liderazgo? El primer tipo de señal es el capital intelectual. Como hemos descrito anteriormente, incluye el conocimiento, el conocimiento experto y las credenciales formales del candidato. El vehículo más común para evaluar el capital intelectual es el *curriculum vitae*, el perfil de LinkedIn o una página web. El énfasis en el capital intelectual seguirá disminuyendo a medida que crezca la concentración en el capital psicológico, pero es indudable que el capital intelectual todavía importa, sobre todo para deshacerse de candidatos no cualificados. Los líderes deben ser creíbles con sus subordinados, y tener las habilidades técnicas, y un fuerte conocimiento experto proporcionan credibilidad.

Otro enfoque común para evaluar el capital intelectual es la entrevista de selección. Independientemente del trabajo, el sector o tipo y el tamaño de una organización, el proceso de identificación del liderazgo siempre incluirá una entrevista y, normalmente, más de una. Además, las entrevistas de trabajo a menudo son la única evaluación que hacen las organizaciones para seleccionar candidatos externos para un papel de liderazgo. Incluso cuando se utilizan en conjunción con otras herramientas, es probable que las entrevistas tengan más peso que otras medidas. Si los candidatos destacan en otros criterios de selección pero les va mal la entrevista, es probable que no sean seleccionados.

Teniendo en cuenta la universalidad de la entrevista, existe una gran cantidad de datos sobre la exactitud y la utilidad de las entrevistas como indicadores del rendimiento, y se han publicado más de quince metaanálisis y cientos de estudios independientes[150]. Estos estudios muestran que las entrevistas *estructuradas* son un método robusto para investigar el potencial de líder porque contienen una plantilla de puntuación predefinida para seleccionar señales relevantes para el puesto de trabajo. Están estrechamente relacionadas con requisitos de trabajo clave y utilizan plantillas de puntuación estandarizadas para minimizar las señales irrelevantes (por ejemplo, confianza personal, carisma y sentido del humor). Veamos algunos ejemplos de preguntas de entrevista estructuradas:

> *Pericia técnica*: ¿Ha utilizado Excel alguna vez? ¿Conoce el programa Python? ¿Puede hacer presentaciones de desarrollo del negocio en francés?

> *Habilidades de liderazgo*: En una escala del 1 al 10 en la que el 6 es la media, ¿qué puntuación daría a su capacidad para gestionar un equipo virtual? ¿Tiene experiencia liderando equipos de innovación? ¿Su estilo de liderazgo es más de intervenir o más de quedarse al margen?

---

150. Julia Levashina *et al.*, «The Structured Employment Interview: Narrative and Quantitative Review of the Research», *Personnel Psychology* 67, n.º 1 (2014): 241-293, https://doi.org/10.1111/peps.12052.

Lo verdaderamente crucial es que, en las entrevistas estructuradas, a todos los candidatos se les hacen las mismas preguntas en el mismo orden, y los jefes que se encargan de la contratación están formados para interpretar las respuestas de una manera uniforme.

Las entrevistas estructuradas analizan el potencial de los candidatos de una forma más objetiva y, por lo tanto, más efectiva, y las entrevistas desestructuradas predicen el rendimiento en el trabajo con menos precisión[151]. Primero, las preguntas abiertas invitan a respuestas inesperadas que son difíciles de interpretar y analizar. Segundo, las preguntas se hacen en cualquier orden y sin un modelo predefinido, y las respuestas no se pueden relacionar con competencias o requisitos del trabajo específicos. La entrevista desestructurada es como un ejercicio improvisado y que fluye libremente, en el que el entrevistador invita a los candidatos a presentarse con varias preguntas (algunas para romper el hielo y otras, complicadas) y su rendimiento se juzga espontáneamente. Veamos algunos ejemplos de preguntas que se hacen en una entrevista desestructurada:

¿Le ha costado encontrarnos?

¿Por qué quiere trabajar para nosotros?

¿Qué opina de su trabajo para la empresa anterior?

---

151. Frank L. Schmidt y John E. Hunter, «The Validity and Utility of Selection Methods in Personnel Psychology: Practical and Theoretical Implications of 85 Years of Research Findings», *Psychological Bulletin* 124, n.º 2 (1998): 262–274, https://doi.org/10.1037/0033-2909.124.2.262.

¿Tiene alguna afición?

¿Dónde se ve de aquí a cinco años?

¿Cuáles son sus mayores puntos débiles?

Como es de esperar, las entrevistas desestructuradas aumentan los sesgos conscientes e inconscientes sobre los candidatos y las selecciones se suelen basar en cualidades irrelevantes para el puesto de trabajo (por ejemplo, raza, género y edad). Por mucha voluntad que tenga un entrevistador para no tener en cuenta esos factores, no puede evitar fijarse en ellos. Los estudios psicológicos han mostrado que cuanto más intentamos ignorar ciertos pensamientos, más vueltas les damos en la cabeza. Intenta no pensar en un oso blanco y en lo único en que pensarás será en eso[152]. Intenta no prestar atención a la nacionalidad, la etnicidad o el género de un candidato y casi seguro que no podrás ignorarlo. Además, tal y como vimos en el capítulo 4, tendemos a formarnos opiniones sobre una persona tras solo unos milisegundos de interacción, e incluso un apretón de manos de un candidato influye en las decisiones de los entrevistadores, aunque sea de forma inconsciente[153].

En un estudio reciente, Iris Bohnet, de la Kennedy School of Government de Harvard, y su equipo subrayaron la ventaja de hacer evaluaciones de liderazgo estructuradas. Descu-

152. Ryan J. Giuliano y Nicole Y. Wicha, «Why the White Bear Is Still There: Electrophysiological Evidence for Ironic Semantic Activation During Thought Suppression», *Brain Research* 1316 (2010): 62–74, https://doi.org/10.1016/j.brainres.2009.12.041.

153. G. L. Stewart *et al.*, «Exploring the Handshake in Employment Interviews», *Journal of Applied Psychology* 93, n.º 5 (2008): 1139–1146, https://doi.org/10.1037/0021-9010.93.5.1139.

brieron que, cuando los entrevistadores comparan a distintos candidatos en las mismas competencias (mirando al grupo contra los mismos criterios clave), es más probable que los entrevistadores evalúen el potencial de los candidatos de forma precisa y tomen decisiones de contratación racionales e imparciales, escapando de la influencia de los estereotipos de género. Por lo tanto, las entrevistas estructuradas, sobre todo las comparaciones y las evaluaciones estandarizadas de los candidatos, ayudan a minimizar los sesgos. En cambio, cuando los entrevistadores se concentraban en un candidato cada vez y comentaban el rendimiento de dicha persona por separado, caían en el método heurístico afectado por el género, sin darse cuenta de que confiaban en estereotipos sociales (por ejemplo, los hombres son ambiciosos y listos y las mujeres son afectuosas y meticulosas). Por lo tanto, las entrevistas desestructuradas y la forma subjetiva en la que son evaluadas activan el sesgo del entrevistador[154].

Cómo medir el capital psicológico, o la ventaja de las evaluaciones

Las mejores mediciones del capital psicológico, y las más precisas, son los test psicométricos, que se dividen en dos tipos: test de inteligencia e inventarios de personalidad[155].

---

154. Iris Bohnet, «How to Take the Bias Out of Interviews», *Harvard Business Review*, 18 de abril de 2016, https://hbr.org/2016/04/how-to-take-the-bias-out-of-interviews.

155. Neal Schmitt, «Personality and Cognitive Ability as Predictors of Effective Performance at Work», *Annual Review of Organizational Psychology and Organizational Behavior* 1, n.º 1 (2013): 45–65, https://doi.org/10.1146/annurev-orgpsych-031413-091255.

Los tests de inteligencia suelen estar cronometrados y se concentran en medir el razonamiento general, la habilidad para resolver problemas y la habilidad para el pensamiento amplio. En general, se clasifican en medidas de capacidad de aprendizaje o coeficiente intelectual y representan la mejor medición de la potencia mental bruta del líder. A pesar de que estos test puedan parecer demasiado abstractos para conectarlos con problemas cotidianos del trabajo, sin duda son el mejor indicador único del rendimiento en el trabajo y siguen siendo un indicador útil del potencial para el liderazgo incluso cuando se tienen en cuenta otras herramientas y datos. Los test de inteligencia también son muy rentables, ya que muchos de alta calidad cuestan menos de 30 dólares por candidato.

Evidentemente, estos test no son perfectos. Primero, es posible que los candidatos obtengan un mal resultado debido a los nervios, ya que ese test va a condicionar algo muy importante, como en el caso de la selección de ejecutivos. Los estudios psicológicos han demostrado que el mero hecho de escribir el nombre de los candidatos con tinta roja, un color que se sabe que produce ansiedad, disminuye los resultados del test de los candidatos. Segundo, los test de inteligencia pueden tener un impacto adverso en grupos minoritarios. Lo irónico es que estos test fueron creados para aumentar la meritocracia y ayudar a las personas con más potencial a ser seleccionadas para los puestos de trabajo, pero, con mucha frecuencia, exacerban las injusticias sociales existentes. Los test de inteligencia también son peores indicadores del liderazgo que el rendimiento del empleado, en parte porque hay menos variabilidad en los resultados de la inteligencia en niveles más altos de la escalera de la organización. A menudo, los empleados (aunque no siempre) son seleccionados para papeles de liderazgo basándose en su inteligencia.

Los inventarios de personalidad evalúan las tendencias de comportamiento por defecto de una persona (cómo difieren de otras personas al reaccionar ante determinadas situaciones), así como los valores y las creencias centrales de las personas. Tal y como ya se ha comentado, la personalidad tiene componentes de un lado bueno y uno oscuro o tendencias deseables e indeseables, respectivamente. Cuando las evaluaciones de personalidad se validan científicamente, valorarán cinco grandes áreas del lado bueno, es decir, extraversión, simpatía, diligencia, neuroticismo y apertura a la experiencia[156]. Puede que cambien las etiquetas, y algunos rasgos representan aspectos estrechos de esos cinco grandes rasgos de personalidad. Por ejemplo, el optimismo forma parte de la extraversión, la lucha por mejorar forma parte de la diligencia y la tolerancia al estrés forma parte del neuroticismo. Otros rasgos, como la inteligencia emocional, representan combinaciones de los cinco factores principales (es decir, bajo neuroticismo y alta extraversión, simpatía, diligencia y apertura a la experiencia). A pesar de que ciertas puntuaciones sean normalmente mejores que otras para el potencial para el liderazgo, la mayoría de las evaluaciones de personalidad permiten que las organizaciones personalicen los algoritmos de la puntuación para identificar las cualidades que contribuyen a un liderazgo efectivo en un papel, una cultura o un contexto determinados.

---

156. Tomás Chamorro-Premuzic y Adran Furhnam, «Intellectual Competence and the Intelligent Personality: A Third Way in Differential Psychology», *Review of General Psychology* 10, n.º 3 (2006): 251–267, https://doi.org/10.1037/1089-2680.10.3.251.

Una crítica habitual que se hace a las evaluaciones de personalidad es que, dado que suelen basarse en lo que declara la persona en cuestión, es fácil que los candidatos jueguen con ellas, sobre todo si el resultado tiene implicaciones importantes. Sin embargo, esta crítica en gran parte es infundada. Cuando las evaluaciones de personalidad se diseñan y se validan de forma adecuada, es difícil que los candidatos detecten las respuestas adecuadas.

Primero, los candidatos no lo tienen fácil para deducir qué evalúa cada pregunta. Y, en el improbable caso de que pudieran, no adivinarían, necesariamente, qué busca la organización en un papel específico. Muchas preguntas pueden parecer obvias para el candidato, pero eso no quiere decir que sepa cómo contestarlas. Por ejemplo, los candidatos que estén de acuerdo con la afirmación «la gente enseguida reconoce mi talento» reciben menos puntos en inteligencia emocional pero más en narcisismo alto, porque si están de acuerdo con esa frase tienden a ser arrogantes y a comportarse como si tuvieran derecho a todo, lo que indica una baja inteligencia emocional.

Segundo, aunque los candidatos jueguen con la evaluación, esta funciona. La capacidad para identificar las respuestas correctas suele estar positivamente correlacionada con el rendimiento futuro en el trabajo. En consecuencia, si los candidatos han falseado sus respuestas o han respondido de forma auténtica, los resultados tienen sentido mientras sus respuestas sigan prediciendo rendimiento. Las evaluaciones de personalidad para seleccionar líderes tienen un fin pragmático: predecir el rendimiento del liderazgo, no resolver la cuestión metafísica de si los candidatos quieren decir realmente lo que dicen o si las puntuaciones reflejan el «verdadero yo» de los líderes.

Mientras el test prediga rendimiento, la cuestión de la honestidad tiene menos relevancia. Al fin y al cabo, muchas personas (incluso las más sinceras) a menudo no somos honestas con nosotras mismas e incluso nos autoengañamos.

Las evaluaciones de personalidad también se utilizan para evaluar los valores de los líderes, sobre todo porque muchos líderes que son potencialmente capaces de funcionar bien pueden encajar mal para ese papel o la cultura de esa organización en concreto. Pero si las organizaciones quieren que los líderes impulsen el cambio, sería aconsejable que contrataran a inadaptados moderados en lugar de a candidatos que encajen a la perfección con la cultura actual. Una copia idéntica del resto del equipo podría perpetuar en lugar de alterar el *statu quo*. Al mismo tiempo, contratar a gente que es radicalmente distinta rara vez generará el cambio deseado. Lo más probable es que lo único que alteren esos líderes sea a ellos mismos.

Los valores de los líderes hacen de brújula interna, les dictan no solo lo que les gustará y lo que no, lo que recompensarán y lo que sancionarán, sino también el tipo de cultura y de clima que intentarán crear en sus equipos y organizaciones. Sus valores también establecen el tipo de personas que intentarán contratar. De forma consciente o inconsciente, una persona siempre tiende a preferir a candidatos que tengan valores parecidos a los suyos.

Conocer los valores de un líder no sirve de nada a menos que las organizaciones también puedan descifrar sus propios valores o lo que denominamos cultura. Lamentablemente, como la mayoría de las organizaciones subestiman la importancia del perfilado de su cultura con precisión, acaban confiando en ideas intuitivas y poco realistas que dicen más lo que les gustaría ser que lo que son en realidad[157]. Por ejemplo, muchas empresas hoy en día se describen como emprendedoras, innovadoras, orientadas a los resultados o diversificadas, aunque sus propios empleados puede que experimenten una cultura muy distinta. Los estudios del ambiente de trabajo bien diseñados, que analizan mediante colaboración colectiva las opiniones y las experiencias de la gente de la cultura de la organización, revelan los verdaderos valores de una empresa mucho mejor que las competencias aspiracionales que presentan los ejecutivos sénior.

Por descontado, algunos líderes logran funcionar bien en prácticamente cualquier contexto. Su capacidad para abarcar un amplio abanico de competencias los hace más versátiles. Sin embargo, son una excepción y no la norma. En cambio, el potencial para el liderazgo de la mayoría de la gente depende en cierto modo de la situación; no hay ninguna garantía de que una persona liderará de forma efectiva solo porque haya sido efectiva en un rol o en una organización anterior[158].

Cómo medir nuevas señales de talento o la promesa de las nuevas tecnologías

Ha habido mucha innovación en las herramientas destinadas a la identificación del talento durante los últimos años,

---

157. Benjamin Schneider, Mark G. Ehrhart y William H. Macey, «Organizational Climate and Culture», *Annual Review of Psychology* 65 (2013): 361–388, https://doi.org/10.1146/annurev-psych-113011-143809.

158. Jasmine Vergauwe *et al.*, «The Too Little/Too Much Scale: A New Rating Format for Detecting Curvilinear Effects», *Organizational Research Methods* 20, n.º 3 (2017): 518–544, https://doi.org/10.1177/1094428117706534.

sobre todo por la revolución digital, que incluye la adopción casi universal de los teléfonos inteligentes. Cuando una organización se enfrenta a decisiones sobre personas, la reputación es el punto de datos más importante que puede esperar lograr. Por supuesto, la importancia de la reputación no es nada nuevo. Ya existía en la antigüedad, sobre todo cuando nuestros antepasados vivían en grupos pequeños y tenían interacciones frecuentes y estrechas. En aquella época, la reputación era imprescindible para la interacción social. Las personas sabían muy bien en quién podían confiar y en quién no y les resultaba fácil juzgar el talento de otras y, en consecuencia, escoger a los líderes adecuados.

Sin embargo, en un momento en el que nos vemos obligados a interactuar con desconocidos y tomar decisiones importantes sobre gente que apenas conocemos, la tecnología y las marcas han suplantado a la experiencia de primera mano como vehículo principal para captar y comunicar la reputación de una persona. Resulta inevitable que este alejamiento de lo personal a lo técnico tenga implicaciones para la industria de la identificación del liderazgo.

Los datos hacen que sea más fácil encontrar, examinar y hacer encajar a líderes para papeles concretos o, como mínimo, hacen que el proceso sea más rápido y barato. A pesar de que los avances tecnológicos en la identificación del liderazgo todavía estén en pañales, varias innovaciones prometen mejorar la capacidad de una organización de encontrar líderes mejores y perturbar a la industria de la identificación del talento en el proceso. Más concretamente, podemos ver la contribución de las siguientes innovaciones tecnológicas para encontrar señales de talento o potencial nuevas.

Analítica de la fuerza de trabajo

Como pasamos la mayoría de las horas de trabajo en la modalidad *online*, dejamos atrás una rica huella digital que condensa un amplio repertorio de comportamientos, preferencias y pensamientos. Por lo tanto, algunas organizaciones evaluarán el talento controlando y midiendo las actividades diarias de los empleados, descubriendo así nuevas señales de potencial, compromiso y rendimiento.

Los grandes centros de atención telefónica son pioneros de esta área. Durante años, han hecho un seguimiento del número de llamadas que hacen los empleados, de sus descansos, de cuántos problemas de los clientes resuelven y de los índices de satisfacción que dejan los clientes. En el futuro, la tecnología facilitará que las organizaciones desplieguen un enfoque similar en una amplia gama de puestos de trabajo, incluidos puestos de dirección y líderes.

Por ejemplo, las empresas podrán utilizar el tráfico del correo electrónico para predecir ventas y beneficios y medir el nivel de compromiso de un equipo, que es una métrica muy directa y fiable de cómo funciona el líder del equipo. El seguimiento diario del comportamiento genera enormes cantidades de datos (más de lo que un ser humano podría interpretar). Por tal motivo, las organizaciones confiarán cada vez más en algoritmos que extraigan diagnósticos del individuo, del equipo y de la organización a partir de los datos internos de la empresa. A pesar de que algunos empleados puedan oponerse a que sus datos sean analizados mediante algoritmos, el enfoque tecnológico tiene sentido, como mínimo, por dos razones. La primera es que el tráfico del correo electrónico de los empleados y otros datos relacionados con el trabajo son fuentes legítimas de información que señalan cómo funcionan los empleados. Al fin y al cabo, lo que deben hacer los empleados es trabajar. La segunda es que, aunque esas señales sean imperfectas, es probable que sean más precisas y estén menos sesgadas cuando son analizadas por algoritmos generados por ordenador que cuando son analizadas por jefes humanos, que tienen sus propios intereses y, a menudo, no pueden seguir de cerca el rendimiento de todo el mundo.

Web Scraping

Las organizaciones también utilizarán algoritmos para analizar datos externos de personas, traduciendo su actividad en Internet y en las redes sociales en una estimación cuantitativa del talento o el potencial para el trabajo. La investigación que empezó alrededor del año 2012 indica que esta metodología (técnica para extraer información de páginas web), generalmente conocida como *web scraping*, puede ayudar a los empleadores a obtener una estimación fiable del coeficiente intelectual y la personalidad de los empleados[159]. La huella digital de los candidatos incluye información que han recogido y presentado deliberadamente (como apoyos y recomendaciones en LinkedIn) y también comentarios, fotos y vídeos subidos por compañeros de trabajo, clientes, amigos y familiares en plataformas menos profesionales, como Facebook o Instagram.

---

159. Tomás Chamorro-Premuzic *et al.*, «The Datafication of Talent: How Technology Is Advancing the Science of Human Potential at Work», *Current Opinion in Behavioral Sciences* 18 (2017): 13–16, https://doi.org/10.1016/j.cobeha.2017.04.007.

Como era de esperar, ahora existen varias empresas, como Reputation.com, que ayudan a los líderes no solo a controlar, sino también a limpiar su imagen *online*. Es evidente que el *web scraping* tiene implicaciones éticas y legales, sobre todo cuando las empresas piden las contraseñas del solicitante en las redes sociales como parte del proceso de análisis. Hay tantas empresas que han solicitado estos datos a sus candidatos que como mínimo veintitrés estados de Estados Unidos han adoptado o considerado normas para prohibir esta práctica. La Unión Europea ha aprobado una política estricta (la regulación sobre protección de datos generales) para limitar la capacidad de las empresas para analizar registros digitales sin el consentimiento de los consumidores. A pesar de que ahora haya una diferencia clara entre lo que podríamos y lo que deberíamos saber respecto a los candidatos, hoy en día es bastante fácil recopilar registros digitales sobre la gente sin pisotear su derecho a la intimidad, pidiéndoles que opten por esa opción explícitamente o que den su consentimiento para que sus datos sean analizados. Si los candidatos ven una ventaja potencial, como mejorar su situación laboral o demostrar su talento, cuando se analicen sus datos, muchos candidatos puede que permitan que estos algoritmos de inteligencia artificial traduzcan los datos que ya han dado «gratis» (sobre todo con fines de marketing) a un potenciador útil de la carrera. Por ejemplo, si los datos de mi Facebook sugieren que soy extravertido, quizás me plantee dedicarme a las ventas o las relaciones públicas. O si mis tuits indican que soy muy curioso, puede que estudie puestos de trabajo que proporcionen más oportunidades de aprendizaje. O si mi lista de reproducción de Spotify revela volatilidad emocional, puede que considere el *coaching* o la gestión de la ira antes de aceptar esa oferta de trabajo como líder.

Gamificación

En el contexto de evaluación del potencial, la *gamificación* hace referencia a crear test de coeficiente intelectual o de personalidad que sean divertidos de hacer. O, como mínimo, más que las herramientas de evaluación tradicionales, que, desde el punto de vista histórico, han sido largas y aburridas. Los participantes resuelven enigmas o hacen retos para ganar puntos e insignias. El objetivo de mejorar la experiencia del usuario de esta forma es aumentar los índices de respuesta. Al ofrecer test gratis y entretenidos *online* (y proporcionar un *feedback* instantáneo de cómo ha ido), las empresas pueden atraer a muchos miles de personas que han hecho el test.

Reckitt Benckiser, Red Bull y Deloitte son algunas de las empresas globales que han confiado en evaluaciones gamificadas para evaluar a los candidatos potenciales, sobre todo a *millennials*. Los desarrolladores todavía tienen que trabajar para cerrar la brecha entre diversión y exactitud, y los test gamificados normalmente son más caros de crear y administrar que el cuestionario típico, sobre todo si consiguen combinar el aspecto y la sensación de los videojuegos con la precisión de las evaluaciones científicas. Aun así, los empleadores están profundamente interesados en esta entretenida tecnología porque puede ayudar a identificar a más personas con un alto potencial yendo más allá del grupo de solicitantes, y dando a conocer a la organización como un lugar de trabajo divertido.

Las tarjetas inteligentes (*smart badges*)

Humanyze, un *spin off* del MIT dirigido por Ben Waber, que acuñó el término *analítica de personas*, coloca a los empleados y a los líderes unos sensores que capturan sus movimientos, comunicaciones e incluso respuestas fisiológicas (por ejemplo, estrés, nerviosismo y aburrimiento). Analizando datos de grupo anónimos, la empresa puede ayudar a las organizaciones a identificar elementos invisibles de las relaciones laborales, como la dinámica oculta del poder que hay en una empresa.

Por ejemplo, en un estudio reciente publicado en la *Harvard Business Review*, Waber y su equipo se propusieron descifrar las diferencias de comportamiento entre hombres y mujeres de una gran multinacional, y explorar si dichas diferencias podían explicar, en parte, la subrepresentación femenina en los puestos de liderazgo sénior (donde solamente eran el 20%)[160]. Los investigadores recopilaron datos de correos electrónicos, de horarios de reuniones y de ubicación de cientos de empleados, en todos los niveles de la jerarquía, durante cuatro meses. Cabe señalar la importancia de los datos recopilados con sensores que llevaban algunos empleados. Los sensores registraban quién hablaba con quién, dónde, cuándo y durante cuánto tiempo la gente se comunicaba entre sí y quién dominaba cada conversación. El equipo de Waber esperaba encontrar diferencias de comportamiento entre hombres y mujeres sobre

---

160. Stephen Turban, Laura Freeman y Ben Waber, «A Study Used Sensors to Show That Men and Women Are Treated Differently at Work», *Harvard Business Review*, 23 de octubre de 2017, https://hbr.org/2017/10/a-study-used-sensors-to-show-that-men-and-women-are-treated-differently-at-work.

los hábitos de *networking* y dinamismo de la gente: «Quizás las mujeres tenían menos mentores, menos tiempo cara a cara con los jefes, o no eran tan proactivas como los hombres al hablar con los líderes sénior». Sin embargo, los resultados no mostraron diferencias significativas entre lo que hacían las mujeres y los hombres en el trabajo: «Las mujeres tenían el mismo número de contactos que los hombres, pasaban el mismo tiempo con los líderes sénior y asignaban su tiempo de forma parecida a los hombres que tenían el mismo puesto. No podíamos ver el tipo de proyectos en los que trabajaban, pero observamos que los hombres y las mujeres tenían patrones de trabajo imposibles de distinguir respecto al tiempo que pasaban *online*, concentrados en el trabajo y en conversaciones cara a cara. Y en las evaluaciones de rendimiento, los hombres y las mujeres recibían puntuaciones idénticas desde el punto de vista estadístico. Esto era válido para las mujeres en todos los niveles sénior. Sin embargo, las mujeres no avanzaban, y los hombres, sí».

Es evidente que, como mínimo en esta organización, no existen razones justificables para la proporción desigual entre hombres y mujeres en los puestos de liderazgo sénior. Si los hombres y las mujeres se comportan de la misma forma y actúan de la misma manera, la única explicación del mayor éxito de los hombres es que tienen un tratamiento preferencial. Es importante señalar que la tecnología permite que las organizaciones capturen y analicen datos en el nivel más pormenorizado de los comportamientos cotidianos para demostrar lo que de otro modo podría parecer una cuestión de opinión subjetiva.

Análisis de red

El análisis de red todavía no se usa en general para identificar el potencial para el liderazgo, pero resultaría útil hacerlo. Este tipo de análisis inspecciona a quién escribe correos una persona, con qué frecuencia se comunican y cuándo, así como con cuántas conexiones activas trabaja la gente, tanto interna como externamente. Los datos de este análisis también pueden revelar dónde va la gente que necesita pericia o ayuda. Resulta interesante que el análisis de red pueda revelar brechas significativas entre quiénes son los líderes oficiales y quién ejerce el liderazgo de manera informal en la organización. Por ejemplo, la investigación ha demostrado que hay poca coincidencia entre las personas que actúan como agentes principales de innovación (generando ideas y traduciendo proactivamente las iniciativas creativas a innovaciones reales) y las que tienen un papel formal de liderazgo para la innovación[161]. Además, muchos líderes sénior están demasiado aislados de las redes centrales de la organización para ejercer el nivel de influencia que se espera de ellos. En el futuro, las organizaciones puede que utilicen el análisis de redes sociales no solo para visualizar la dinámica de la interacción, sino también para identificar a los líderes internos, sobre todo si les interesa descubrir tesoros ocultos.

En una época en la que casi la mitad del mundo está *online* y las ventas diarias de iPhones superan a los nacimientos humanos, hay pocos límites al potencial de las herramientas de talento digital, sobre todo porque cada vez

---

161. Reece Akhtar y Soong Moon Kang, «The Role of Personality and Social Capital on Intrapreneurial Achievement», *Academy of Management Proceedings* 2016, n.º 1 (2017): https://doi.org/10.5465/ambpp.2016.16763abstract.

más personas están depositando una parte de su vida *online*. Sin embargo, para hacer realidad incluso una fracción de este potencial, estas nuevas herramientas basadas en la inteligencia artificial deben cumplir estándares legales y éticos y ser lo suficientemente precisas. Si las herramientas pueden cumplir estos requisitos, las organizaciones se beneficiarán de un acceso mucho más profundo y generalizado al talento, lo que incluye la capacidad para atraer y contratar a mejores líderes.

8

¿Cómo mejoran los líderes?

En todos los sentidos, John era un líder horrible. La mayoría de sus colaboradores directos no le guardaban respeto y no soportaban trabajar para él. Al resto les era indiferente, pero, como no les proporcionaba orientación ni *feedback*, estaban despistados sobre sus tareas y, por lo tanto, rendían poco. Como era de prever, su equipo estaba en la parte más baja de todos los indicadores de rendimiento (ventas, productividad, innovación y beneficios). En cambio, destacaba por su alta rotación. Solamente la gente que era incapaz de encontrar alternativas acababa trabajando para John durante más de un par de años; y lo hacían, simplemente, porque no tenían muchas más opciones. Una de las razones principales del problema de John era su propia personalidad. No era particularmente inteligente ni trabajador, no tenía demasiado don de gentes y rara vez aceptaba sus errores. De hecho, John se consideraba un líder fantástico. Daba una puntuación alta a su propio rendimiento, y parecía totalmente ciego a los problemas que creaba él mismo.

Afortunadamente, su jefe lo convenció para que empezara a trabajar con un *coach*. Después de solamente unas semanas, John empezó a cambiar su mal comportamiento, proporcionando *feedback* y objetivos claros a su equipo, haciendo autocrítica y tomando decisiones más inteligentes. La transformación fue tan grande que su equipo se dio cuenta del cambio al instante, hasta el punto de que lo percibían como un líder y un individuo totalmente distinto. En consecuencia, los miembros del equipo de John empezaron a rendir mucho mejor, aumentaron su compromiso, la rotación de personal llegó a ser de cero y las ventas, la productividad y los beneficios se dispararon. Se corrió la voz de que John era uno de los mejores jefes de la organización. Y, de repente, la mayoría de las personas con talento y ambición de la empresa querían trabajar para él. O, como mínimo, emular su fórmula de liderazgo ganadora.

Historias como esta son tan increíbles que ni siquiera forman parte de los relatos novelescos del liderazgo. Y, sí, nuestro amigo John es pura ficción. Piensa en lo siguiente: tenemos historias de inspiración (tanto reales como imaginarias) de personas que pasaron de la pobreza extrema a la riqueza descomunal, de una enfermedad alarmante a ser obsesos de la salud, y de la ignorancia a la sabiduría. Sin embargo, ni nos molestamos en inventar historias de jefes que eran horribles y llegaron a ser geniales. Porque, si lo hiciéramos, probablemente se considerarían ciencia ficción. En cambio, tal y como han demostrado los capítulos anteriores, no es que falten ejemplos de la vida real de líderes que eran fantásticos hasta que se echaron a perder. El paso de lo bueno a lo malo parece mucho más fácil que a la inversa.

El desarrollo del liderazgo para ganar

Por muy buena que sea una organización a la hora de detectar y atraer a personas con potencial para el liderazgo, esas personas deben ser capaces de activar su potencial. Quizás sea más importante que, cuando una organización no sea especialmente buena para descubrir el potencial para el liderazgo de la gente y no seleccione a sus líderes por su potencial, la organización deba invertir en el desarrollo del liderazgo. Un reciente estudio de dos mil quinientas empresas y líderes de recursos humanos descubrió que el 86% de las organizaciones consideran que el desarrollo del liderazgo es muy importante o una prioridad urgente[162].

Muchas organizaciones confían en la capacidad de los líderes de mejorar. Consideremos que el 80% de los presupuestos para la gestión del talento se destinan normalmente a aprendizaje, formación e intervenciones en el desarrollo, y la mayor parte de este gasto se destina a los líderes. Michael Beer, de la Harvard Business School, estima que, a nivel mundial, las organizaciones gastan más de 360 mil millones de dólares al año en programas para mejorar el rendimiento de su personal[163]. Y señala que, a pesar de esta inversión enorme, las organizaciones no logran las mejoras deseadas en sus líderes, sobre todo cuando los altos líderes no están completamente comprometidos con el cambio.

Pese a que estaría bien formar a todos los empleados, es de esperar que las intervenciones en los líderes tengan el mayor retorno de la inversión. Los líderes afectan a tantas per-

---

162. David V. Day y Lisa Dragoni, «Leadership Development: An Outcome-Oriented Review Based on Time and Levels of Analyses», *Annual Review of Organizational Psychology and Organizational Behavior* 2 (2015): 133–156, https://doi.org/10.1146/annurev-orgpsych-032414-111328.

163. Michael Beer, Magnus Finnström y Derek Schrader, «Why Leadership Training Fails—and What to Do About It», *Harvard Business Review*, octubre de 2016, https://hbr.org/2016/10/why-leadership-training-fails-and-what-to-do-about-it.

sonas, procesos y resultados que cualquier mejora del lide-razgo llegará a afectar al resto de la organización y a la mano de obra en general[164]. Tal y como señala el famoso principio de Pareto, en cualquier grupo u organización solo unos cuantos individuos, normalmente, no más del 20%, re-presentarán, como mínimo, el 80% de la productividad o el *output* colectivo y, salvo contadas excepciones, esos indivi-duos vitales serán líderes.

Sin embargo, la intervención media o típica en el desa-rrollo del liderazgo no produce mediciones fiables de cambio, sobre todo en lo que se refiere a indicadores de rendimiento clave. Cabe destacar que los exámenes de metaanálisis su-gieren que muchas intervenciones no producen resultados y que algunas obtienen resultados negativos, lo que, de he-cho, empeora el rendimiento de los líderes[165]. Un examen exhaustivo del *feedback* de la organización (posiblemente, la característica más importante de cualquier intervención de desarrollo del liderazgo) sugiere que, el 30% del tiempo, el *feedback* acaba haciendo que los líderes sean menos efec-tivos de lo que eran originalmente[166]. Lo más sorprendente de todo es que existe una fuerte correlación negativa entre

164. Tim Theeboom, Bianca Beersma y Annelies E. M. van Vianen, «Does Coaching Work? A Meta-Analysis on the Effects of Coaching on Individual Level Outcomes in an Organizational Context», *Journal of Positive Psy-chology* 9 (2014): 1–18, https://doi.org/10.1080/17439760.2013.837499.

165. Doris B. Collins y Elwood F. Holton III, «The Effectiveness of Mana-gerial Leadership Development Programs: A Meta-Analysis of Studies from 1982 to 2001», *Human Resource Development Quarterly* 15, n.º 2 (2004): 217–248, https://doi.org/10.1002/hrdq.1099.

166. Avraham Kluger y Angelo DeNisi, «The Effects of Feedback Interven-tions on Performance: A Historical Review, a Meta-Analysis, and a Prelimi-nary Feedback Intervention Theory», *Psychological Bulletin* 119, n.º 2 (1996): 254–284, https://doi.org/10.1037/0033-2909.119.2.254.

el dinero que se destina a intervenciones para mejorar la calidad del liderazgo y la confianza de las personas en sus líderes[167].

Seis lecciones basadas en datos en el desarrollo del liderazgo

Pasar del liderazgo incompetente al competente no es fácil, pero existen pruebas concluyentes que dan fe de la eficacia de programas de desarrollo del liderazgo bien diseñados aunque sean poco frecuentes. Por lo tanto, hay programas que funcionan. Sin embargo, su eficacia se basa en hacer que los líderes sean conscientes de sus limitaciones, convenciéndolos para que cambien sus hábitos tóxicos por otros más efectivos, y en relacionar dichos hábitos con mediciones críticas de los resultados del negocio. Existen formas de hacerlo correctamente, y ayudar a los líderes a mejorar puede hacer que las organizaciones sean más efectivas. Dicho esto, debemos ser conscientes de las restricciones y las barreras que dificultan las mejoras sustanciales. Veamos seis lecciones de la ciencia.

1. Algunas características son difíciles de cambiar

Al igual que cualquier otra cualidad humana, el talento para el liderazgo procede de las experiencias del desarrollo. Lo

---

167. Robert B. Kaiser y Cordy Curphy, «Leadership Development: The Failure of an Industry and the Opportunity for Consulting Psychologists», *Consulting Psychology Journal: Practice and Research* 65, n.º 4 (2013): 294–302, https://doi.org/10.1037/a0035460.

podemos comparar con la capacidad atlética y los deportes. En principio, cualquiera puede convertirse en un buen deportista, pero eso no quiere decir que la probabilidad de convertirse en un buen deportista sea la misma para todo el mundo. Lo mismo sucede respecto al liderazgo y otros rasgos psicológicos. Por ejemplo, la inteligencia, que, tal y como vimos en el capítulo 7, es un ingrediente clave del talento para el liderazgo, nunca se desarrollaría sin una estimulación ambiental adecuada[168]. Priva a niños inteligentes de estimulación mental y casi seguro que crecerán menos avanzados desde el punto de vista intelectual de lo que lo harían si se les ofreciera dicha estimulación. Al mismo tiempo, las manifestaciones tempranas de inteligencia predicen de manera fiable lo inteligente que será la persona más adelante en la vida[169]. Se puede predecir si vas a ser más inteligente que los demás a los cincuenta años de forma bastante precisa haciendo la misma comparación a la edad de cinco años, y hay relativamente pocos cambios en la clasificación en ambas edades.

Muchas experiencias clave de desarrollo que determinan el potencial de liderazgo de una persona se dan a una edad muy temprana; sin duda, antes de que las personas empiecen su vida laboral o sean consideradas para puestos de liderazgo. En ese sentido, la frase de William Wordsworth «El niño es padre del hombre» se aplica acertadamente. La respuesta más lógica a la que posiblemente sea la pregunta más popular en el liderazgo «¿Los líderes nacen o se hacen?» es sí. Tal

168. Sorel Cahan y Nora Cohen, «Age Versus Schooling Effects on Intelligence Development», *Child Development* 60, n.º 5 (1989): 1239–1249, https://doi.org/10.2307/1130797.

169. Ian J. Deary *et al.*, «Genetic Contributions to Stability and Change in Intelligence from Childhood to Old Age», *Nature* 482 (9 de febrero de 2012): 212–215, https://doi.org/10.1038/nature10781.

y como observó un científico sabiamente, «preguntar qué parte de las actitudes o características de un individuo es heredada o bien es producto del entorno no tiene sentido. Es como preguntar si un sótano con goteras está causado más por la grieta en los cimientos o por el agua del exterior»[170].

Como cualquier otro rasgo de la personalidad, el liderazgo es en parte naturaleza y en parte educación. Comprendemos esta dualidad de orígenes gracias a los estudios genéticos del comportamiento. La investigación que comparaba a mellizos (que comparten un 50% de su ADN) con gemelos idénticos (que comparten el 100% de su ADN) respecto a sus mediciones de liderazgo descubrió que los resultados del liderazgo aumentan con la similitud genética[171]. A pesar de que el liderazgo sea mucho menos heredable que la altura (el 90%) o el peso (el 80%), alrededor del 30% del potencial de liderazgo está determinado por factores genéticos[172]. Aunque este porcentaje menor atribuido a la «naturaleza» pueda parecer una buena noticia tanto para la industria del desarrollo del liderazgo como para los individuos que esperan fomentar su talento para el liderazgo, todavía no entendemos ni controlamos necesariamente el 70% restante, que es «educación». De hecho, se nos da mucho mejor predecir que estimular el rendimiento del liderazgo. Si queremos que un animal trepe por un árbol, es mejor encontrar a una ardilla que entrenar a un pez para que lo haga.

---

170. James M. Olson *et al.*, «The Heritability of Attitudes: A Study of Twins», *Journal of Personality and Social Psychology* 80, n.º 6 (2001): 845–846, https://doi.org/10.1037/0022-3514.80.6.845.

171. Richard D. Arvey *et al.*, «The Determinants of Leadership Role Occupancy: Genetic and Personality Factors», *Leadership Quarterly* 17, n.º 1 (2006): 1–20, https://doi.org/10.1016/j.leaqua.2005.10.009.

172. *Ibidem.*

AT&T fue la primera en utilizar la evaluación del liderazgo y los centros de desarrollo en la década de 1970, al utilizar programas muy estructurados y estandarizados para cientos de líderes. La empresa evaluó el impacto relativo de la formación y el talento en el rendimiento posterior de liderazgo. ¿Cuál fue el descubrimiento principal? La eficacia del liderazgo era altamente predecible. Cabe destacar que el orden de clasificación del rendimiento de los líderes no cambió antes y después de la formación. No es que la formación fuera irrelevante, sino que hizo poco para alterar las diferencias de rendimiento existentes entre las personas. En la misma línea, un metaanálisis reciente investigó qué aspectos del rendimiento del trabajo de una persona se podían atribuir a una práctica y una formación deliberadas[173]. Los investigadores analizaron varios campos y profesiones y descubrieron que la formación tenía más efecto en las áreas en las que las reglas son evidentes, el rendimiento se puede medir de forma objetiva y la improvisación es mínima. Sin embargo, en todos los campos, la formación solo tenía un efecto menor en el rendimiento del trabajo: el 26% en juegos, el 21% en música, el 18% en deportes, el 4% en educación y solo el 1% para la profesión media.

En cambio, la simple evaluación de dónde están los líderes en las dimensiones generales de la personalidad (los cinco elementos grandes) representaba alrededor del 50% de la variabilidad en la emergencia y la eficacia del liderazgo, lo que significaba que la mitad de tu éxito como líder viene dictada

---

173. Brooke N. Macnamara, David Z. Hambrick y Frederick L. Oswald, «Deliberate Practice and Performance in Music, Games, Sports, Education, and Professions: A Meta-Analysis», *Psychological Science* 25, n.º 8 (2014): 1608–1618, https://doi.org/10.1177/0956797614535810.

por tu personalidad. Además, se necesita mucho tiempo y esfuerzo para cambiar incluso un hábito personal no muy acendrado. En cambio, la personalidad se puede evaluar rápido con evaluaciones estandarizadas que se pueden administrar de forma remota en menos de cuarenta y cinco minutos[174].

De hecho, los estudios recientes sugieren que ni siquiera tenemos que hacer una evaluación formal de los líderes para predecir su rendimiento. Un grupo de economistas de la Booth School of Business de la Universidad de Chicago utilizó datos de llamadas telefónicas relacionadas con análisis de estados financieros para inferir la personalidad de los CEO. Por ejemplo, los CEO extravertidos utilizaban más palabras por minuto y hablaban de forma más energética, los que eran más diligentes proporcionaban más detalles y más datos, y así sucesivamente. Esta medida de personalidad pasiva (y, sin duda, imperfecta) predecía un fragmento importante de la variabilidad en el rendimiento financiero de las empresas (por ejemplo, *cash flow*, rendimiento sobre el capital invertido y rentabilidad)[175].

2. El buen *coaching* funciona

Pese a que la predicción supere al desarrollo, hay pocas dudas de que los programas de *coaching* bien diseñados funcionan. Lamentablemente, pocas organizaciones han im-

---

174. Timothy A. Judge *et al.*, «Personality and Leadership: A Qualitative and Quantitative Review», *Journal of Applied Psychology* 87, n.º 4 (2002): 765–780, https://doi.org/10.1037//0021-9010.87.4.765.

175. Ian D. Gow *et al.*, «CEO Personality and Firm Policies», documento de trabajo NBER Serie, n.º 22435, julio de 2016, https://www.hbs.edu/faculty/Pages/item.aspx?num=50477.

plantado un proceso riguroso para evaluar el rendimiento de la inversión en *coaching*, y el creciente cuerpo de evidencia científica proporciona una visión inadecuada porque las intervenciones son muy distintas y porque pocas personas saben lo que pasa realmente detrás de las puertas cerradas durante una sesión de *coaching*[176]. Básicamente, el *coaching* no es una ciencia pura. En parte, es un arte, lo que explica la enorme variabilidad de la eficacia entre distintos *coaches*. El éxito del *coaching* dependerá en gran medida del talento y de la habilidad del *coach*. Se ha descubierto que las características y el comportamiento del *coach* en cuestión importan más que el método de *coaching* utilizado[177].

La intervención más común para mejorar el rendimiento de los líderes es el *coaching* ejecutivo, que consiste en sesiones individuales entre un *coach* y un líder. A diferencia de la terapia psicológica, el objetivo del *coaching* de liderazgo no es solo abordar hábitos problemáticos, sino también apoyar el desarrollo de competencias de liderazgo críticas para que el líder sea más efectivo. Los *coaches* y los líderes normalmente identificarán una serie de comportamientos que el líder debería empezar a hacer, dejar de hacer o continuar haciendo para mejorar su rendimiento, y dichas mejoras deberían traducirse en un mejor rendimiento del equipo.

Muchas intervenciones de *coaching* se centran en mejorar la inteligencia emocional, pese a que a menudo lo hagan bajo la etiqueta de habilidades sociales, intrapersonales, interperso-

---

176. Douglas T. Hall, Karen L. Otazo y George P. Hollenbeck, «Behind Closed Doors: What Really Happens in Executive Coaching», *Organ Dynamics* 27, n.º 3 (1999): 39–53, https://doi.org/10.1016/S0090-2616(99)90020-7.

177. Erik de Haan, Vicki Culpin y Judy Curd, «Executive Coaching in Practice: What Determines Helpfulness for Clients of Coaching?», *Personnel Review* 40, n.º 1 (2011): 24–4, https://doi.org/10.1108/00483481111095500.

nales o habilidades blandas[178]. El objetivo de los *coaches* es hacer que los líderes sean más accesibles y más fáciles de tratar. No es una mala estrategia para mejorar su rendimiento, ya que los problemas clave que deben resolver los líderes en última instancia son problemas de personas. Tal y como reza el inteligente aforismo, que a veces se atribuye a Oscar Wilde: «Hay personas que causan felicidad allí donde van; otras la causan cuando se van». La formación en inteligencia emocional es particularmente útil para los líderes de esta última categoría.

Ninguna intervención puede incrementar la inteligencia emocional (ni ninguna otra competencia) de un líder del 0 al 100%, pero se puede esperar que los programas de *coaching* competentes produzcan mejoras medias del 25%. Tim Theeboom y sus compañeros de la Universidad de Ámsterdam publicaron un metaanálisis fundamental en esta área. Examinaron 46 estudios independientes sobre los efectos del *coaching*. Descubrieron que el 70% de los individuos que recibieron *coaching* superaban el rendimiento de los que no lo habían recibido[179]. Las áreas de inteligencia emocional clave que podían mejorar el *coaching* incluían habilidades de resolución, gestión del estrés y autorregulación. Esta última es un componente básico de la motivación y afecta a cómo los líderes fijan y logran sus metas. Incluso resultó que aspectos más biológicos de la inteligencia emocional, como la empatía, podían mejorar gracias al *coaching*. Por ejemplo, los estudios neuropsicológicos sugieren que, con un *coaching* adecuado, la gente puede llegar a ser más prosocial,

---

178. Katherine Ely *et al.*, «Evaluating Leadership Coaching: A Review and Integrated Framework», *Leadership Quarterly* 21, n.º 4 (2010): 585–599, https://doi.org/10.1016/j.leaqua.2010.06.003.

179. Theeboom, Beersma y Van Vianen, «Does Coaching Work?»

altruista y compasiva, y que estos cambios serán visibles en estudios de imágenes cerebrales[180].

Las sesiones de *coaching* con más éxito se concentran en cambiar el comportamiento de los líderes. Por supuesto, el comportamiento efectivo de un líder es un requisito previo para mejorar cualquier resultado de la organización que esté bajo la influencia de un líder[181]. Al fin y al cabo, el pensamiento de un líder es menos crítico que lo que él o ella hace en realidad. Por lo tanto, el buen *coaching* ayuda a los líderes a sustituir los comportamientos contraproducentes por otros más efectivos. Por ejemplo, si los líderes tienden a la microgestión de su personal, quizás quieran desarrollar la costumbre de dar más autonomía a la gente. En cambio, si los líderes entienden que son demasiado poco intervencionistas con sus subordinados, quizás el *coaching* sea para conseguir lo contrario; es decir, proporcionar a sus colaboradores instrucciones y *feedback* más claros y controlar el rendimiento de la gente más de cerca. Todos estos enfoques contrastan fuertemente con la creencia de que los líderes mejorarán al concentrarse en lo que ya hacen bien: centrándose en sus puntos fuertes.

3. Cuidado con los puntos fuertes de los líderes

En lo que va de siglo, pocos enfoques de *coaching* han disfrutado de tanta popularidad como el relativo a los puntos fuer-

---

180. Tammi R. A. Kral *et al.*, «Neural Correlates of Video Game Empathy Training in Adolescents: A Randomized Trial», *NPJ Science of Learning* 3, n.º 13 (2018), https://doi.org/10.1038/s41539-018-0029-6.

181. Andrew Butler *et al.*, «The Empirical Status of Cognitive-Behavioral Therapy: A Review of Meta-Analyses», *Clinical Psychology Review* 26, n.º 1 (2006): 17–31, https://doi.org/10.1016/j.cpr.2005.07.003.

tes, que postula que, en lugar de preocuparse por sus puntos débiles, los líderes deben concentrarse en mejorar sus cualidades positivas. El *coaching* de puntos fuertes tiene un seguimiento como de secta en muchos departamentos de recursos humanos, y en Amazon hay listas de más de ocho mil libros sobre esta materia. Uno de ellos es el superventas de Gallup *StrenghtsFinder*, que se supone que es utilizado por 1,6 millones de empleados de empresas de *Fortune* 500 todos los años[182].

A pesar de que sea indudablemente más fácil mejorar en las tareas que ya se nos dan bien, sobre todo si nos gustan (por ejemplo, hacer presentaciones, elaborar estrategias, desarrollar el negocio y dar *feedback*), pasamos por alto nuestras limitaciones por nuestra cuenta y riesgo, sobre todo si queremos mejorar. De hecho, el *feedback* negativo (el que destaca un déficit del potencial o el rendimiento) es el más útil. Hace hincapié en la brecha entre dónde están los líderes y dónde deberían estar[183]. Además, suponiendo que los líderes se beneficiarían de desarrollar nuevos puntos fuertes (competencias que no poseen actualmente), entonces, no hay margen para intervenciones basadas en puntos fuertes.

Por último, todo es mejor con moderación; la única excepción es la moderación en sí misma. Incluso las cualidades positivas tienen efectos adversos cuando se llevan al extremo. Por ejemplo, la atención al detalle puede ser contraproducente si se convierte en perfeccionismo y postergamiento excesivo. La confianza en uno mismo puede llegar a ser arrogancia, asunción de riesgos y orgullo desmesurados. La

---

182. Tom Rath, *StrengthsFinder 2.0 from Gallup: Discover Your Clifton-Strengths*, Gallup Press, Nueva York, 2016.

183. Kluger y Angelo, «Effects of Feedback Interventions».

ambición puede ser codicia y la imaginación puede convertirse en excentricidad. Los puntos fuertes se pueden desarrollar demasiado sobre todo cuando seleccionamos a líderes con estas características y colocamos a las personas en entornos que exacerban estas tendencias.

4. La autoconciencia es esencial

La autoconciencia, el pilar del desarrollo del liderazgo, se ha valorado durante miles de años. La entrada en el templo de Apolo en Delfos tenía la inscripción «CONÓCETE A TI MISMO». Sócrates defendía que la esencia de esta sabiduría era aceptar la ignorancia. Teniendo en cuenta que las personas en general no son conscientes de sus limitaciones, algo que se agrava cuando se convierten en líderes, las intervenciones en el desarrollo del liderazgo se deberían concentrar en fomentar la autoconciencia de los líderes. Asimismo, la investigación sugiere que una mayor autoconciencia es un rasgo característico de los líderes con alto rendimiento[184]. Por lo tanto, dado que el buen *coaching* mejora la autoconciencia, el *coaching* se suele describir como un *feedback* sistemático[185].

---

184. Allan H. Church *et al.*, «The Role of Personality in Organization Development: A Multi-Level Framework for Applying Personality to Individual, Team, and Organizational Change», en *Research in Organizational Change and Development*, ed. Abraham B. (Rami) Shani y Debra A. Noumair, vol.23, Emerald Group Publishing, Bingley, R. U., 2015) 91–166, https://doi.org/10.1108/S0897-301620150000023003.

185. Sheila Kampa-Kokesch y Mary Z. Anderson, «Executive Coaching: A Comprehensive Review of the Literature», *Consulting Psychology Journal: Practice and Research* 53, n.° 4 (2001): 205–228, https://doi.org/10.1037//1061-4087.53.4.205.

La gente necesita *feedback* para mejorar su autoconciencia y conocer mejor sus propios puntos fuertes y débiles, pero cuando el *feedback* es poco claro o es inadecuado, hará más mal que bien. Asimismo, si el *feedback* solo dice a los líderes lo que quieren oír o lo que ya saben, no tendrá impacto en su rendimiento (aunque el *feedback* sea claro y preciso).

Por desgracia, no tenemos una predisposición natural a buscar *feedback*, ni en el ámbito laboral ni en otros entornos. Y menos si se trata de *feedback* negativo: ¿alguna vez has trabajado para un jefe que te dijera «¿Qué estoy haciendo mal?» o «¿Cómo podría haberlo hecho mejor?» La mayoría de la gente, no.

Entonces, ¿por qué los líderes dudan en si recibir *feedback*? Primero, en general, los líderes son arrogantes, por lo que interpretan sus acciones de una manera más favorable de lo que deberían. Segundo, en la mayoría de las culturas, sobre todo en el mundo occidental, buscar *feedback* es visto como signo de debilidad. Existe una tensión natural entre el rendimiento y el aprendizaje, y la mayoría de los líderes están demasiado concentrados en el rendimiento para prestar atención al aprendizaje. Se necesita cierta humildad para aceptar que tenemos algo que aprender y, en general, los líderes no están interesados en exponer sus limitaciones, aunque sean conscientes de tenerlas.

Todos estos factores provocan que las organizaciones utilicen herramientas basadas en datos, como las evaluaciones de 360 grados y los informes de personalidad, para facilitar el *feedback* de desarrollo para los líderes. Un estudio experimental controlado de 1.361 directivos de corporaciones globales mostró que el *coaching* basado en *feedback* aumentaba la propensión de los jefes a buscar asesoramiento y mejoraba su rendimiento posterior un año más tarde[186].

5. No resulta fácil ir contra nuestra naturaleza

A pesar del abrumador número de decisiones que tomamos todos los días y la certeza absoluta que sentimos en general sobre el control que tenemos sobre dichas elecciones, también actuamos de una forma bastante predecible, incluso cuando nuestras decisiones parecen estar planificadas desde un punto de vista racional[187]. La predictibilidad humana es menos sorprendente cuando examinamos el comportamiento de otras personas. Por lo tanto, nuestro propio comportamiento también les parecerá menos sorprendente a los demás. No es que no podamos cambiar, sino que no estamos tan comprometidos a hacer esos cambios como deberíamos. Como reza el dicho popular: «Todo el mundo quiere ir al cielo, pero nadie quiere morir». No queremos cambiar, sino que queremos *haber cambiado*. Evidentemente, todos podemos tomar una amplia gama de decisiones en una situación concreta, pero incluso cuando tenemos la libertad para tomar dichas decisiones, lo más habitual es que estas sean bastante predecibles.

La mayor parte de los hábitos que nos definen han sido cimentados durante muchos años. Abandonarlos o cambiarlos es un proceso igual de lento. Consideremos que el propósito me-

---

186. James W. Smither *et al.*, «Can Working with an Executive Coach Improve Multisource Feedback Ratings Over Time? A Quasi-Experimental Field Study», *Personnel Psychology* 56 (2003): 23–44, https://doi.org/10.1111/j.1744-6570.2003.tb00142.x.

187. Dan Ariely, *Las trampas del deseo: Cómo controlar los impulsos irracionales que nos llevan al error*, Ariel, Barcelona, 2008.

dio de año nuevo se rompe en los primeros meses, pese a que se refiere a aspectos concretos y mensurables del comportamiento que realmente deseamos cambiar y que el cambio depende completamente de nosotros[188]. Es evidente que las cosas serán incluso más complicadas cuando tengamos que cambiar algo que no estamos particularmente desesperados por cambiar, cuando el cambio en sí depende de muchos otros factores y cuando los resultados son más difíciles de juzgar. No tiene sentido saber dónde quieres ir si no puedes entender si has llegado ya.

La mayoría de las personas afirman que les gustaría cambiar algún aspecto de su personalidad. Por ejemplo, los estudios muestran que, a cualquier edad, alrededor del 80% de las personas desean incrementar su estabilidad emocional, su extraversión, su simpatía, su abertura a la experiencia o su escrupulosidad, dichas mejoras equivaldrían a mejorar su inteligencia emocional y, a su vez, su potencial para el liderazgo[189]. Al mismo tiempo, los estudios sugieren que podemos esperar ver dos cambios de personalidad principales en la mayoría de la gente, incluso si la gente no está comprometida con intervenciones de cambio deliberadas[190].

Primero, a medida que la gente se hace mayor, tiende a convertirse en un versión ligeramente más aburrida de cuan-

188. Janet Polivy y C. Peter Herman, «The False-Hope Syndrome: Unfulfilled Expectations of Self-Change», *Current Directions in Psychological Science 9*, n.º 4 (2000): 128–131, https://doi.org/10.1111/1467-8721.00076.

189. Nathan W. Hudson y R. Chris Fraley, «Do People's Desires to Change Their Personality Traits Vary with Age? An Examination of Trait Change Goals Across Adulthood», *Social Psychology and Personality Science 7*, n.º 8 (2016): 847–858 https://doi.org/10.1177/1948550616657598.

190. J. A. Dennisen, Marcel A. G. van Aken y Brent W. Roberts, «Personality Development Across the Life Span», en *The Wiley-Blackwell Handbook of Individual Differences*, ed. Tomás Chamorro-Premuzic, Sophie von Stumm y Adrian Furnham, WileyBlackwell, Hoboken, NJ, 2011.

do era joven. Su simpatía y su escrupulosidad aumentan, pero su apertura a experiencias nuevas disminuye. Este cambio recibe el nombre de *madurez psicológica*, pero, en realidad, es un eufemismo de *aburrimiento*.

Segundo, cuando los líderes cambian, tienden a ser versiones más exageradas de sí mismos. Escoger un nicho, el principio psicológico que explica esta tendencia, trata de nuestra inclinación natural a buscar experiencias que encajan bien con nuestra personalidad. Cuando buscamos esas actividades preferidas que nos resultan familiares, se refuerzan nuestras inclinaciones. Por ejemplo, los líderes extravertidos buscarán situaciones en las que puedan conectar con gente nueva, ser el centro de atención y comportarse de una forma más animada y energética, y esas situaciones, a su vez, harán que esos líderes estén más animados y energéticos y sean mejores a la hora de conectar con los demás y ser el centro de atención.

En resumen, la mayoría de los líderes ya están programados para aprovechar sus puntos fuertes, y lo hacen bastante bien. El desarrollo efectivo deberá contrarrestar esta tendencia para ayudar a los líderes a ir contra su propia naturaleza para que se dirijan a sitios a los que no habrían ido. En palabras del conferenciante de motivación Zig Ziglar: «No cambias tu decisión de ir, sino que cambias de rumbo para llegar allí»[191].

6. La «coachabilidad» es una parte integral del potencial

Paradójicamente, el *coaching* resulta más útil para las personas que menos lo necesitan. Personas distintas se beneficiarán de forma distinta del *coaching* y de otras intervenciones

---

191. Zig Ziglar, *Nos vemos en la cumbre*, Iberonet, Madrid, 1993.

de desarrollo del liderazgo. Por ejemplo, la curiosidad de los líderes determina hasta qué punto buscarán el *feedback* de desarrollo o las experiencias que les permitan aumentar sus habilidades y su conocimiento experto. Siempre que las organizaciones hacen que los programas de desarrollo y aprendizaje estén disponibles para una adopción generalizada, quienes los adoptan son, normalmente, las personas que es menos probable que los necesiten, y quienes los necesitan tienden a no adoptarlos.

Cuando los líderes tienen la suerte de recibir un *feedback* preciso sobre su potencial o su rendimiento, no siempre se muestran receptivos. Los individuos más humildes, empáticos y autoconscientes es más probable que aprovechen el *feedback* crítico y lo traduzcan a aumentos de autoconciencia[192]. En cambio (basta imaginar a Vladimir Putin o Silvio Berlusconi aceptando dejarse guiar por un *coach*) las personas que son arrogantes, narcisistas y carentes de empatía serán inmunes a incluso el *feedback* de desarrollo más útil, así que probablemente no se beneficiarán de ello. Además, incluso cuando los líderes buscan el desarrollo de las oportunidades e internalizan el *feedback*, los líderes solamente harán cambios positivos si están convencidos de que deben mejorar. Como dice el viejo chiste: «Solo se necesita a un psicólogo para cambiar una bombilla, siempre que la bombilla quiera cambiar de verdad». Por último, aunque los líderes quieran cambiar, necesitarán mucha fuerza de voluntad y persistencia para mantener el comportamiento que

---

192. Frederick Anseel *et al.*, «How Are We Doing After 30 Years? A Meta-Analytic Review of the Antecedents and Outcomes of Feedback-Seeking Behavior», *Journal of Management* 41, n.º 1 (2015), https://doi.org/10.1177/0149206313484521.

crea hábitos más efectivos y una reputación más favorable. Todas estas cualidades están determinadas por la personalidad de los líderes.

En definitiva, es poco probable que los malos líderes se conviertan en líderes con talento, que inspiren a los demás y que tengan un rendimiento elevado. Sí, pueden cambiar, pero, en general, los líderes no mejorarán mucho más allá de lo que les hayas visto hacer en el pasado, sobre todo si se las deben ingeniar por sus propios medios. La inercia humana hace que las intervenciones de desarrollo profesionales, como el *coaching* ejecutivo, sean indispensables. Pero una estrategia mucho más efectiva para mejorar la calidad de los líderes sería concentrar más tiempo, esfuerzo y recursos en seleccionar a personas con talento para que ocupen puestos de liderazgo. Como en cualquier otra área, más vale prevenir que curar y, pese a que no haya necesidad de elegir entre el uno y el otro (se deberían perseguir los dos objetivos), es más probable que los líderes mejoren si se han seleccionado de forma adecuada.

9

¿Cómo medir el impacto de un líder?

Cuando Millard (apodado «Mickey») Drexler ocupó el puesto de CEO de Gap en 1983, la icónica tienda estadounidense se enfrentaba a una gran presión debido a una nueva ola de competidores en la industria de la moda rápida. Drexler se propuso implantar un agresivo plan de renovación que incluía cambios valientes. Por ejemplo, Gap dejaría de vender productos de la competencia con la esperanza de que los clientes quisieran cambiar a los productos Gap, que tenían un margen mucho más elevado. Desde el punto de vista histórico, Gap había sido, sobre todo, minorista de productos Levi's, mientras que sus propios productos eran secundarios. Este cambio radical de la estrategia también reposicionó a la empresa para concentrarse en los clientes de más edad y más poder adquisitivo. Sin embargo, el nuevo punto de mira implicaba un rediseño total de la colección de ropa y las tiendas Gap. El nuevo aspecto inspiró el diseño posterior de las elegantes tiendas Apple. Las tiendas de tecnología tenían espacios abiertos mínimos con mucha luz natural que fomentaba interacciones informales y frecuentes entre el personal y los clientes. La distribución del lugar animaba a los clientes a interactuar mucho con los productos y a quedarse en la tienda el máximo tiempo posible. Drexler estuvo en el consejo de administración de Apple y normalmente lo describían como «el rey del negocio minorista» o «el Steve Jobs de la venta al detalle».

Por suerte para Gap, la estrategia de Drexler dio sus frutos. En menos de veinte años después de su llegada, la empresa pasó de 480 millones a 13.600 millones de dólares de ventas anuales. Gap se convirtió en una parte primordial de la vida estadounidense y una de las marcas más admiradas del mundo. Las prendas estilosas, asequibles pero informales que Drexler lanzó ayudaron a provocar una transformación en la forma de vestir de los estadounidenses en el trabajo, y las oficinas a lo largo del país institucionalizaron los «casual Fridays» para permitir que los empleados vistieran de forma más informal justo antes del fin de semana.

El impacto transformador de Drexler no sorprendió a los que trabajaban para él. Pese a ser conocido por su estilo serio y directo, se ganaba el respeto y la admiración de todo el mundo. Pocas personas trabajaban tan duro como él, y su enfoque práctico para impulsar el crecimiento, combinado con su criterio acertado y su experta toma de decisiones y capacidad para detectar tendencias, lo convirtieron en un gran líder.

Sin embargo, Gap despidió a Drexler en el año 2002 en medio de un descenso de crecimiento e ingresos, lo que hizo que muchos observadores sugirieran que no era el líder adecuado para mantener el éxito de Gap a largo plazo. Drexler pasó a ser CEO de J. Crew, donde duplicó los ingresos de la empresa y consiguió que la marca fuera conocidísima. Sin embargo, al final, dimitió en respuesta a la reducción de las ventas. Se repetía lo ocurrido en Gap.

A pesar de que la historia de Drexler sea única, también tiene algo en común con todos los demás estudios de caso de liderazgo: es imposible extraer conclusiones de una muestra cuyo tamaño es una persona. Una fábula de liderazgo será un éxito o un fracaso en función de dónde pongas el final.

Evaluar el impacto de los líderes continúa siendo increíblemente difícil

Las historias *venden*, pero los datos *cuentan*. Por lo tanto, si queremos comprender por qué ciertas personas son mejores líderes o si alguien va a ser un buen líder, tenemos que ir más allá de los estudios de casos individuales y de relatos biográficos pormenorizados de líderes destacados. Debemos explorar conjuntos de datos en los que se puedan examinar y manejar cientos de variables. Tal y como señaló el psicólogo Earl Hunt, «el plural de anécdota no es datos».

Necesitamos herramientas de análisis cuantitativo y un proceso sistemático para extraer estos datos tan amplios. En los últimos cien años, los científicos han dedicado mucho tiempo y esfuerzo a identificar los ingredientes clave del talento para el liderazgo[193]. El problema principal no es la falta de estudios, sino el exceso de los mismos. Hay tanta información sobre cómo el perfil del líder afecta a los equipos y organizaciones que puede que nos abrumen. En cambio, los

---

193. Timothy A. Judge, Ronald F. Piccolo y Tomek Kosalka, «The Bright and Dark Sides of Leader Traits: A Review and Theoretical Extension of the Leader Trait Paradigm», *Leadership Quarterly* 20, n.º 6 (2009): 855–875, https://doi.org/10.1016/j.leaqua.2009.09.004.

blogs populares y los consultores del mundo real ofrecen anécdotas memorables y fórmulas con gancho que reducen el potencial de liderazgo a una única competencia general, a unos cuantos puntos mágicos.

A pesar de toda esta concentración en el éxito del liderazgo, la mayoría de los líderes continúan siendo incompetentes en gran medida. Pese a las múltiples razones para su rendimiento insuficiente, hay un punto común que subyace en los varios tipos de incompetencia de liderazgo: los líderes tienen una desconexión entre su propio éxito individual y el del grupo.

Más concretamente, rasgos como confianza, narcisismo, psicopatía y carisma hacen avanzar la carrera individual sin mejorar el éxito de los grupos que lideran. Es evidente que nos iría mejor si cribáramos a los individuos que tienen esos rasgos, en lugar de recompensarlos. El éxito de los equipos y las organizaciones es más importante que el éxito personal individual, sobre todo cuando la victoria individual perjudica al resto del grupo.

Sin embargo, como en el caso de Drexler, es difícil medir el impacto de un líder. De hecho, en general, cuesta medir la causa y el efecto. Consideremos un ejemplo de este enigma de la naturaleza. Los picabueyes a menudo son fotografiados sentados encima de grandes mamíferos como jirafas e hipopótamos. Estos coloridos pájaros africanos parecen la encarnación del clásico caso de simbiosis, de una relación mutuamente beneficiosa. Se supone que dichos pájaros se alimentan de parásitos como garrapatas, que, si no, dañarían a su animal huésped. Sin embargo, los científicos han descubierto que esta relación no es tan sencilla. El ganado con picabueyes residentes no tenía una probabilidad mayor ni menor de tener garrapatas que el ganado sin esos pájaros. Y los investigadores se fijaron en que los picabueyes esperaban a que las garrapatas estuvieran llenas de sangre para comérselas. Es decir que apenas hacían un favor a los pobres mamíferos. Actualmente, todavía hay un debate científico sobre si esos pájaros son una ayuda o un perjuicio para los mamíferos sobre los que se posan.

Intentar averiguar qué líderes son buenos o malos es como intentar saber si los picabueyes ayudan o perjudican a los mamíferos. ¿La persona que está encaramada en lo alto de tu organización resuelve problemas o crea más problemas? Al no disponer de datos fiables, no resulta fácil de saber.

A menudo, solo podemos ver los datos claramente después de que los líderes hayan dejado su huella parasitaria en sus equipos y organizaciones. E incluso entonces, no faltan personas que no comprenden los efectos tóxicos del líder. Por esta razón vemos a muchos antiguos políticos y CEO que cobran una fortuna por dar discursos de sobremesa a pesar de haber acabado su carrera profesional de forma desastrosa.

Incluso cuando decimos que una organización es *darwiniana*, no es garantía de que el resultado de la evolución vaya a mejorar la calidad de los líderes. Por ejemplo, la carrera para convertirse en CEO o en jefe de Estado puede ser un proceso darwiniano. Igual que la batalla para dirigir un cártel de la droga. Sin embargo, solo porque una competición sea brutalmente competitiva no significa que los supervivientes sean buenos para el sistema. De forma parecida a los picabueyes, algunas de las cualidades que permiten a los individuos ganar esas batallas darwinianas puede que no les haga necesariamente mejores líderes, porque la buena forma individual no se traduce necesariamente en buena forma de grupo.

La estatura es un ejemplo de esta idea. En Estados Unidos, una persona que mida un metro ochenta puede esperar cobrar 200.000 dólares más en su carrera profesional que alguien de un metro sesenta y dos de estatura. Sin embargo, hay pocos puestos de trabajo en los que la estatura juegue realmente un papel para lograr un mejor rendimiento. Del mismo modo, la estatura tiene un papel clave a la hora de impulsar a las personas a puestos de liderazgo. Un estudio exhaustivo de setenta y cinco años de investigación muestra que la estatura es un fuerte factor de predicción de quién será líder igual que el coeficiente intelectual, tanto para hombres como para mujeres[194]. La estatura es todavía más importante en política. La última vez que los estadounidenses eligieron a un presidente que era más bajo que la media fue en 1896, y en los últimos cien años de elecciones presidenciales, los dos candidatos finales más bajos solo ganaron el 25% de las veces.

Aunque los votantes perciban que los individuos más altos parecen más líderes (una percepción que, a su vez, ayudaría a la gente alta a convertirse en líderes) la estatura, evidentemente, no hace que alguien lidere mejor. Por lo tanto, la estatura puede ser una ayuda para aquellos que quieran llegar a ser líderes (sobre todo si quieren convertirse en presidente de Estados Unidos), pero los grupos dirigidos

---

194. Timothy A. Judge y Daniel M. Cable, «The Effect of Physical Height on Workplace Success and Income: Preliminary Test of a Theoretical Model», *Journal of Applied Psychology* 89, n.º 3 (2004): 428–441, https://doi.org/10.1037/0021-9010.89.3.428.

por personas altas no pueden esperar funcionar mejor que los dirigidos por personas bajas. Hacer que la estatura fuera un criterio para seleccionar a un líder sería un disparate. Sin embargo, los rasgos triviales en ocasiones afectan a los resultados porque se percibe que son importantes. Por ejemplo, un grupo de psicólogos dirigidos por Elain Wong en la Universidad de Wisconsin correlacionaron la anchura de la cara de los CEO con las ganancias de sus empresas: las empresas dirigidas por CEO con caras más anchas tenían 16 millones de dólares más en retornos sobre activos ajustados al sector que las dirigidas por ejecutivos de caras más estrechas. La explicación de esos resultados es que las caras más anchas transmiten más poder y agresividad que las estrechas[195].

La distancia creciente entre los líderes y el resto de nosotros

Si queremos comprender el presente, y, por supuesto, predecir o influir en el futuro, debemos recordar el pasado. Esta recomendación se aplica también al liderazgo. De hecho, varios aspectos del liderazgo moderno hacen que esta afirmación sea algo mucho más complejo y difícil hoy en día que en el pasado.

Es imposible imaginar la vida humana sin liderazgo. Desde que nuestros ancestros genéticos y nosotros existi-

---

195. Elaine M. Wong, Margaret E. Ormiston y Michael P. Haselhuhn, «A Face Only an Investor Could Love: CEOs' Facial Structure Predicts Their Firms' Financial Performance», *Psychological Science* 22, n.º 12 (2011): 1478–1483, https://doi.org/10.1177/0956797611418838.

mos, siempre hemos vivido en grupos en los que una persona se encargaba de coordinar nuestra actividad colectiva[196]. Esta función universal de los líderes se extiende a otras especies como peces, pájaros o abejas. Hace hincapié en los orígenes evolucionarios del liderazgo, el proceso a través del cual un miembro de un grupo guía a otros a recursos valiosos, fija un objetivo común y una dirección y armoniza los esfuerzos del grupo para la consecución de dicho objetivo. Por lo tanto, el liderazgo evolucionó como mecanismo fundamental de coordinación social para promover la supervivencia y el éxito de los grupos. Existen ejemplos modernos de este tipo de coordinación en equipos deportivos de alto rendimiento (por ejemplo, el Fútbol Club Barcelona), gobiernos (por ejemplo, el Ministerio de Trabajo de Singapur), organizaciones (por ejemplo, Berkshire Hathaway) y países (por ejemplo, Suecia).

Hoy en día, normalmente, tenemos poco contacto de primera mano con los líderes. En cambio, hace miles de años, nuestros ancestros cazadores-recolectores vivían en grupos pequeños que les permitían tener interacciones cercanas y frecuentes con sus líderes. Los miembros del grupo conocían la reputación del líder y podían juzgar con precisión el talento y el potencial para el liderazgo de otros miembros. Además, dichos grupos eran extremadamente democráticos y tendían a elegir a líderes por consenso. Como era de esperar, este enfoque conduciría a un nivel elevado de competencia para el liderazgo, ya que la mayoría de los jefes lideraban a

---

196. Robert Hogan y Tomás Chamorro-Premuzic, «Personality and the Laws of History», en *The Wiley-Blackwell Handbook of Individual Differences*, ed. Tomás Chamorro-Premuzic, Sophie von Stumm y Adrian Furnham, WileyBlackwell, Hoboken, NJ, 2011, 491–511, https://doi.org/10.1002/9781444343120.ch18.

través del ejemplo, la razón y la persuasión pacífica. Es más, estas pequeñas sociedades de cazadores-recolectores eran igualitarias y en ellas había diferencias de poder mínimas entre hombres y mujeres, y ambos sexos compartían muchas obligaciones clave[197].

Unos miles de años más tarde, vivimos y trabajamos en un mundo distinto. Trabajamos en grupos mucho más grandes, con un contacto físico mínimo con otros miembros del grupo y con los líderes. ¿Qué puede decir un empleado típico de McDonald's (hay 375.000 esparcidos por 120 países) con seguridad acerca de su CEO, Steve Easterbrook? ¿Cuántos de ellos habrán oído su nombre? Asimismo, ¿qué precisión puede tener la imagen que los 1.300 millones de ciudadanos de la India tienen de su primer ministro, Narendra Modi, si solo lo ven por televisión? Es evidente que las tecnologías modernas han hecho que sea más fácil capturar información sobre la reputación de un líder (hay datos en YouTube, Facebook y Glassdoor), pero representan un medio muy ruidoso e imperfecto para comprender el potencial de los demás y no pueden reemplazar al contacto personal frecuente.

Es importante señalar que nuestra mente ha sido modelada por millones de años de evolución; por eso, incluso cuando nuestro instinto está impulsado por modelos anticuados de liderazgo, no es fácil *desaprenderlos*. Un siglo de ciencia ha proporcionado una cantidad enorme de pruebas sobre cómo es el buen y el mal liderazgo. Sin embargo, eso

---

197. Wendy Wood y Alice H. Eagly, «Biosocial Construction of Sex Differences and Similarities in Behavior», en *Advances in Experimental Social Psychology*, ed. James M. Olson y Mark P. Zanna, vol. 46, Elsevier/Academic Press, Ámsterdam, 2012), https://doi.org/10.1016/B978-0-12-394281-4.00002-7.

no borra los arquetipos de liderazgo que tenemos en la cabeza. Nuestra intuición acerca de lo que es un buen liderazgo está perfilada mucho más por nuestras raíces ancestrales y evolucionarias que por la última investigación de liderazgo. Los cambios medioambientales, como los nuevos retos en el trabajo introducidos por la tecnología (por ejemplo, equipos virtuales, un panorama laboral menos predecible y la inteligencia artificial), puede que requieran distintas cualidades de liderazgo, pero nuestros modelos implícitos de liderazgo no necesariamente cambiarán rápido.

Hemos recorrido un largo camino desde los albores de la vida humana, pero la civilización moderna presenta nuevos retos para los líderes. El perfil de los líderes efectivos actuales es distinto al de nuestro pasado evolutivo. Aunque los viejos modelos de liderazgo ya no sean efectivos hoy en día, todavía coinciden con nuestros arquetipos de liderazgo imaginarios.

¿Cómo podemos mejorar?

El liderazgo, el proceso que permite a los individuos trabajar juntos para conseguir un objetivo común, ha sido un recurso crítico durante toda la evolución de la humanidad. Todos los logros significativos en la historia de la humanidad (el uso del fuego, la invención de la escritura, el mapa del genoma humano y demás) proceden de una acción colectiva que no se podría haber producido sin liderazgo.

Tanto si nuestro objetivo es aumentar la representación de las mujeres en el liderazgo como mejorar la calidad de nuestros líderes, tenemos que aplicar las mismas soluciones: tenemos que comprender de forma adecuada el talento para el liderazgo y aprender a medirlo. Es más fácil hablar de estas soluciones que llevarlas a la práctica. Hay demasiados responsables de la toma de decisiones que sobrevaloran su intuición, y las agendas políticas interfieren con la selección de líderes con talento, sobre todo cuando los responsables de la toma de decisiones están más interesados en sus propios intereses que en el bienestar de la organización. Es evidente que saber cómo detectar el verdadero potencial de liderazgo no basta. También tenemos que adoptar medidas que sitúen a los mejores líderes en papeles clave y fomenten una cultura que les ayude a tener éxito. Sin embargo, sin arreglar los parámetros que usamos para determinar si alguien tiene talento para el liderazgo, no podemos esperar que haya mucho avance.

Tal y como he intentado mostrar en este libro, las organizaciones pueden adoptar medidas concretas para mejorar el rendimiento de sus líderes y para aumentar la representación de las mujeres en papeles de liderazgo. Pueden dejar de interpretar las demostraciones de exceso de confianza, narcisismo, psicopatía y carisma como señal de liderazgo potencial. También pueden reconocer la importancia de la inteligencia emocional, que debería ser una competencia fundamental en cualquier modelo de liderazgo potencial basado en datos. Prestar más atención a la inteligencia emocional aumentaría tanto la calidad de los líderes como el número de líderes mujeres, y aumentaría en general todos los niveles de eficacia personal, autoconciencia y liderazgo transformacional en las organizaciones.

Aunque indudablemente sea una señal de progreso que un número creciente de organizaciones establezcan intervenciones deliberadas para aumentar la proporción de mujeres en puestos de liderazgo, un objetivo más razonable sería concentrarse en seleccionar líderes mejores, ya que este paso también se ocuparía del desequilibrio entre géneros. Poner a más mujeres en puestos de liderazgo no mejora, necesariamente, la calidad del liderazgo, mientras que poner a más líderes con talento en papeles de liderazgo aumentará la representación de las mujeres.

Básicamente, las organizaciones deben comprender que muchas de las supuestas soluciones que se ponen en marcha lo que hacen es agravar el problema. Por ejemplo, pedir a las mujeres que actúen más como hacen los hombres incompetentes (promocionándose a sí mismas, fingiendo tener algo hasta haberlo conseguido o mostrándose asertivas cuando no deberían hacerlo) solamente provocará el ascenso de mujeres incompetentes a puestos de liderazgo, algo que ayuda poco a corregir los injustos estereotipos sobre las líderes mujeres.

Asimismo, cualquier intento deliberado de introducir cuotas formales para un grupo subrepresentado inevitablemente dará la impresión de que dicho grupo es menos capaz. De lo contrario, ¿por qué iban a necesitar ayuda? Esta suposición incorrecta se basa en la ilusión de que los sistemas actuales son meritocráticos. Debemos cuestionar esta suposición reconociendo y abordando la política y el nepotismo que corrompen la selección de líderes en lugar de utilizar la discriminación positiva.

No hay conflicto entre fomentar la igualdad entre hombres y mujeres y fomentar la calidad del liderazgo. Al contrario, es más difícil mejorar la calidad de nuestros líderes sin aumentar el número de líderes que son mujeres.

Sin embargo, la impresión habitual es la contraria; es decir, que sería antimeritocrático tener más mujeres en los niveles superiores de la organización. Por ejemplo, en un estudio de 2010 efectuado por Emilio Castilla y Stephen Bernard, de la Sloan Business School del MIT, se pidió a alrededor de cuatrocientos estudiantes experimentados de un MBA que hicieran un ejercicio imaginario de asignación de bonificaciones[198]. Se les indicó que debían destinar 1.000 dólares en bonificaciones a empleados individuales según la clasificación que habían hecho sus jefes. Este proceso sigue prácticas generalizadas en muchas corporaciones, en las que los supervisores evalúan el rendimiento, pero donde la asignación de bonificaciones recae en manos de líderes que inspeccionan dichas evaluaciones. Pero había una distorsión: se dijo a la mitad de los estudiantes que la organización en cuestión era meritocrática, lo que significaba que el objetivo de las bonificaciones era recompensar el verdadero rendimiento. Resulta interesante el hecho de que los estudiantes de este grupo tendieran a conceder bonificaciones más elevadas a hombres que a mujeres, aunque los índices de rendimiento masculinos y femeninos fueran idénticos. Esta asignación desigual no correspondió solamente a los estudiantes de sexo masculino, sino también a los de sexo femenino[199]. Y podemos suponer con seguridad que los estudiantes del MIT son considerablemente más liberales y menos sexistas que el jefe promedio en el mundo de los negocios. En consecuencia, para mejorar la calidad del liderazgo no podemos limitarnos a con-

---

198. Emilio J. Castilla y Stephen Bernard, «The Paradox of Meritocracy in Organizations», *Administrative Science Quarterly* 55 (2010): 543–576, disponible en *DSpace@MIT*, MIT Open Access Articles, diciembre de 2012, https://dspace.mit.edu/handle/1721.1/65884.

199. Stephen Benard, «Why His Merit Raise Is Bigger Than Hers», *Harvard Business Review*, abril de 2012, https://hbr.org/2012/04/why-his-merit-raise-is-bigger-than-hers.

centrarnos en el mérito, sino que tenemos que ser más claros sobre las cualidades de liderazgo que estamos buscando: inteligencia emocional, capital intelectual, capital social y capital psicológico.

Para un ejemplo reciente, pensemos en Uber, cuyo ex-CEO Travis Kalanick había dañado la reputación de la empresa al tapar supuestamente alegaciones de acoso sexual, al ser pillado y grabado menospreciando a un conductor de Uber y al crear una cultura orientada a resultados despiadada y brusca en la compañía. La empresa había tolerado todo aquel comportamiento perjudicial antes de nombrar finalmente a Dara Khosrowshahi, líder con cualidades más típicamente femeninas, con la esperanza de arreglar la imagen de la empresa y desintoxicar su cultura.

Tal y como señaló recientemente el *New Yorker*: «Desde que entró en la empresa, Khosrowshahi ha adoptado el papel de aduladora, diplomática, negociadora y vendedora. Fue seleccionada por el consejo de administración de Uber en parte por su personalidad: agradable, inofensiva, cómodo con el tipo de habla corporativa que los inversores encuentran tranquilizadora. El ex-CEO de Uber, Travis Kalanick, había logrado que la empresa lograra un éxito extraordinario, pero también una reputación horrible»[200].

Aunque sea demasiado pronto para juzgar el rendimiento de Khosrowshahi, está claro que Uber aprendió la lección por las malas. La experiencia de esta empresa tam-

---

200. Sheelah Kolhatkar, «At Uber, a New C.E.O. Shifts Gears», *New Yorker*, 9 de abril de 2018, https://www.newyorker.com/magazine/2018/04/09/at-uber-a-new-ceo-shifts-gears.

bién ofrece un importante estudio de caso para las organizaciones interesadas en los efectos de contratar a líderes arrogantes, narcisistas o psicópatas en lugar de a los que son tranquilos, diplomáticos y empáticos. Cuando el mundo sea más consciente de los problemas que supone el liderazgo tóxico, será más probable que se prefiera a gente como Khosrowshahi para ocupar puestos de líder, aunque sean hombres.

En última instancia, las organizaciones deben decidir: si quieren fomentar una agenda de justicia social, entonces, está justificado concentrarse en la representación de género como objetivo final. En cambio, si su objetivo es que la organización sea más efectiva y exitosa, debería estudiar de una forma exhaustiva y crítica a todos los líderes a los que asciende, no solamente a las mujeres. De esta forma, se creará el beneficio colateral de fomentar la proporción de mujeres en liderazgo. Por casualidad, este camino también aumentará la representación de hombres competentes en puestos de liderazgo, ya que los hombres también están en desventaja frente a los mismos criterios tóxicos que impiden a las mujeres con talento convertirse en líderes.

Cuando las percepciones superan a la realidad

Aunque en este libro se haya dedicado una atención sustancial a las pruebas científicas que apoyan una representación de liderazgo con más equilibrio entre géneros, los sesgos y los estereotipos que sustentan la cultura y las normas de las organizaciones está claro que ya no son inmunes en general a dichas pruebas. Para decirlo sin rodeos, incluso las pruebas científicas más evidentes se verán eclipsadas por el poder de las excepciones, sobre todo cuando las percepciones tienen el poder de crear una realidad alternativa.

Por ejemplo, Frank Dobbin y Jiwook Jung, de la Universidad de Harvard, analizaron un conjunto de datos longitudinales sobre la composición por género de los consejos de administración y el rendimiento de la empresa en cuatrocientas grandes empresas de Estados Unidos[201]. Sus resultados mostraron que, pese a añadir a más mujeres a los consejos de administración, no se cambió el rendimiento, sino que se *redujo* el valor de las acciones de la empresa en Bolsa. Estos descubrimientos señalan una realidad alarmante: sin tener en cuenta las diferencias de rendimiento real entre hombres y mujeres, la gente (en este caso, los inversores) es poco probable que cambie sus creencias, y las creencias son las que impulsan las decisiones.

En consecuencia, las mujeres están atrapadas en un círculo vicioso en el que su avance se interpreta como contraproducente para la organización. A su vez, esta impresión obstaculiza su avance o hace que sea contraproducente. Ya resulta suficientemente difícil cambiar las percepciones, pero cuando la realidad está controlada por las percepciones, el reto es monumental. En las tristemente famosas palabras de un consejero sénior a George W. Bush: «Ahora somos un imperio, y cuando actuamos, creamos nuestra propia realidad. Y mientras tú estudias esa realidad (con

---

201. Frank Dobbin y Jiwook Jung, «Corporate Board Gender Diversity and Stock Performance: The Competence Gap or Institutional Investor Bias?», *North Carolina Law Review* 89 (2011): 809–838.

criterio), actuaremos otra vez, creando otras realidades nuevas, que también puedes estudiar, y así es como se solucionarán las cosas»[202].

La admisión del asesor escandaliza solamente por su sinceridad. Normalmente, los que controlan las reglas del juego son un poco menos transparentes acerca de su influencia, y la ofuscación aumenta la creencia de la gente en que el sistema es justo. Lamentablemente, los ganadores no solamente reescriben la historia, sino que también crean la realidad y, con ese poder, llega la capacidad para resistirse a cualquier cambio paradigmático, sin importar que sea racional ni que esté basado en hechos.

Principalmente por esta razón, ha sido difícil demostrar los beneficios económicos de una mayor diversidad en materia de género. Desde luego, y para disgusto de los apasionados defensores de la diversidad, la suposición de que «la mezcla» es ventajosa de por sí no ha sido respaldada por muchos datos rigurosos. Gran parte de la evidencia de la relación positiva entre diversidad y rendimiento financiero (por ejemplo, rendimiento sobre el capital, ingresos y beneficios) simplemente compara empresas de gran éxito con su competencia de menos éxito. Dado que las empresas que

---

202. Ron Suskind, «Faith, Certainty and the Presidency of George W. Bush», *New York Times Magazine*, 17 de octubre de 2004, https://www.nytimes. com/2004/10/17/magazine/faith-certainty-and-the-presidency-of-george-w-bush.html, atribuye la cita a un «asesor sénior de Bush» cuyo nombre no se menciona. Mark Danner, «Words in a Time of War: On Rhetoric, Truth and Power», Mark Danner (blog), noviembre de 2007, http://www.markdanner.com/ articles/words-in-a-time-of-war-on-rhetoric-truth-and-power, afirma que la cita era de Karl Rove, pero Zach Schonfeld, «The Curious Case of a Supposed Karl Rove Quote Used on the National's New Album "Sleep Well Beast"» *Newsweek*, 8 de septiembre de 2017, www.newsweek.com/national-sleep-well-beast-karl-rove-662307, afirma que Rove incluso negó haber dicho esas palabras.

tienen más éxito, en general, son más diversas que las que no, los observadores suponen que la diversidad fomenta esa brecha de éxito. Sin embargo, este tipo de pruebas ignora los efectos potenciales de otras variables (por ejemplo, la cultura de la empresa, la calidad del liderazgo y el compromiso de los empleados) o la posibilidad de una dirección causal invertida; es decir, es más probable que las empresas de éxito se interesen por la diversidad, quizás porque son lo suficientemente exitosas para permitirse el lujo de abordar esta cuestión[203].

Los metaanálisis científicos publicados en revistas académicas independientes y solventes, en lugar de en libros blancos de las empresas, superan dichas limitaciones y proporcionan una estimación mucho mejor de los efectos de la diversidad de género en los equipos y en el rendimiento de la empresa. Los resultados sugieren una gran variabilidad entre empresas y sectores, en los que la diversidad tiene efectos positivos, pero muy pequeños en el rendimiento general, tan pequeños que la correlación general entre diversidad y rendimiento es casi de cero. En algunos estudios, la diversidad incluso tenía un efecto negativo sobre el rendimiento. Por ejemplo, Renee Adams, de la Universidad de Queensland, y Daniel Ferreira, de la London School of Economics, examinaron la relación entre diversidad y rendimiento de la empresa en alrededor de dos mil empresas de Estados Unidos. Al principio, vieron que las empresas con más proporción de directores que eran mujer tendían a mostrar resultados financieros más fuertes, pero un análisis más pormenorizado reveló que este efecto era, simplemente, una función del me-

---

203. Amanda H. Eagly, «When Passionate Advocates Meet Research on Diversity, Does the Honest Broker Stand a Chance?», *Journal of Social Issues* 72, n.º 1 (2016): 199–222, https://doi.org/10.1111/josi.12163.

jor control de los comités que tenían en marcha las empresas con mejores resultados. De hecho, entre los equipos de mejores resultados con dichos comités, una mayor proporción de directores de sexo femenino en realidad disminuía el rendimiento de la empresa[204]. ¿Por qué? Los inversores (que realmente solo son un representante del mercado) consideran la presencia de más directores de sexo femenino un lastre.

Es el talento, estúpido

El progreso no es una línea recta y todavía falta mucho por hacer en lo que respecta a la diversidad de género, sobre todo en la dirección de las organizaciones, en donde el rendimiento de las personas tiene más importancia puesto que determina el éxito de todas las demás. La buena noticia es que hoy en día estamos en un lugar mejor que hace cincuenta años. Sobre todo, la proporción de mujeres en el trabajo es mucho más elevada ahora, y sigue creciendo; las mujeres han cerrado la brecha en salud y educación en la mayoría de los países e incluso han superado a los hombres en gran parte del mundo desarrollado. Muchas titulaciones universitarias demandadas, como empresariales, derecho y medicina, están mucho menos segregadas por géneros que en el pasado. Y, en la mayor parte del mundo, la discriminación manifiesta no solamente es menos común, sino también ilegal[205].

---

204. Renée B. Adams y Daniel Ferreira, «Women in the Boardroom and Their Impact on Governance and Performance», *Journal of Financial Economics* 94, n.º 2 (2009): 291–309, https://doi.org/10.1016/j.jfineco.2008.10.007.

205. Victor E. Sojo *et al.*, «Reporting Requirements, Targets, and Quotas for Women in Leadership», *Leadership Quarterly* 27, n.º 3 (2016): 519–536, https://doi.org/10.1016/j.leaqua.2015.12.003.

La mala noticia es que todavía hay que progresar mucho más. Tal y como señaló recientemente el *Economist*, hay hasta 104 países que todavía tienen leyes laborales que prohíben claramente que las mujeres realicen determinados trabajos[206]. El Foro Económico Mundial estima que, al ritmo de crecimiento salarial actual, tendremos que esperar otros doscientos diecisiete años para lograr una paridad de salarios global entre hombres y mujeres[207]. Es decir, hasta el año 2235.

Si queremos tener organizaciones y sociedades mejores y más efectivas, ante todo debemos mejorar la calidad de nuestros líderes. Las pruebas convincentes sugieren que es más probable que mejore el liderazgo si empezamos a acceder más a la fuente de talento femenina. Especialmente, si comprendemos que las mujeres que tienen mayor probabilidad de conducir el cambio positivo son bastante distintas a los típicos líderes que tenemos hoy en día, sin tener en cuenta el género. Pero algo aún más crítico es que debemos poner en marcha obstáculos mucho mayores para el exceso desproporcionado de hombres incompetentes que tienen tanta habilidad para convertirse en líderes, para peligro de todo el mundo.

---

206. «Labour Laws in 104 Countries Reserve Some Jobs for Men Only», *Economist*, 26 de mayo de 2018, https://www.economist.com/finance-and-economics/2018/05/26/labour-laws-in-104-countries-reserve-some-jobs-for-men-only.

207. «Closing the Gender Gap», Foro Económico Mundial, 2018, www.weforum.org/projects/closing-the-gender-gap-gender-parity-task-forces.

Agradecimientos

Gracias a todo el mundo que ha colaborado en este proyecto.

Primero, gracias a la increíble Sarah Green Carmichael de la *Harvard Business Review* por sugerir el artículo original que ahora ha crecido hasta convertirse en este libro y por desplegar su talento editorial para inyectar un orden muy necesario en mis reflexiones caóticas. Tengo la gran suerte de haber trabajado con Sarah durante varios años; ha sido una colaboración estimulante y prolífica y sigo aprendiendo mucho de ella.

Segundo, me gustaría dar las gracias a todos los demás miembros de la HBR y The Press por ser siempre rápidos, profesionales y competentes y por estar a la altura de su brillante reputación. Es un privilegio publicar con vosotros.

Tercero, me gustaría agradecer a mi agente, Giles Anderson, que haya conseguido que este proyecto se convierta en una realidad y que me haya representado en mis dos libros anteriores, *Confidence* y *The Talent Delusion*.

Cuarto, doy las gracias a Mylene e Isabelle por donar muchas más horas a la producción de este libro de las que pedí en un principio.

Por último, estoy agradecido a todos los hombres incompetentes que se convierten en líderes, porque seguro que serán los vendedores número uno de este libro.

Sobre el autor

TOMÁS CHAMORRO-PREMUZIC, PhD, es una autoridad internacional en gestión del talento, desarrollo del liderazgo y people analytics. Es científico jefe de talento del ManpowerGroup, cofundador de Metaprofiling and Deeper Signals y profesor de psicología empresarial en el University College London y en la Universidad de Columbia. Anteriormente, ocupó cargos en la Universidad de Nueva York y en la London School of Economics. Ha dictado conferencias en la Harvard Business School, la Stanford Business School, la London Business School, Johns Hopkins e IMD, además de ocupar el puesto de CEO de Hogan Assessment Systems.

Chamorro-Premuzic ha publicado 10 libros y más de 150 artículos científicos, lo que le convierte en uno de los científicos sociales más prolíficos de su generación. Su trabajo ha recibido premios de la Asociación Psicológica Estadounidense, la International Society for the Study of Individual Differences y la Society for Industrial-Organizational Psychology, de la cual es *Fellow*. Asimismo, es el director fundador del programa de Psicología Empresarial e Industrial-Organizacional del University College London y asesor jefe de psicometría del Laboratorio de Finanzas para Emprendedores de Harvard.

Durante los últimos veinte años, Chamorro-Premuzic ha sido consultor de un amplio abanico de clientes de servicios financieros (entre los que se cuentan J. P. Morgan, HSBC, Goldman Sachs), publicidad (entre ellos Google, WPP, BBH), medios de comunicación (BBC, Red Bull Media House, Twitter, Spotify), bienes de consumo (Unilever, Reckitt Benckiser, Procter & Gamble), moda (LVMH, Net-a-Porter, Valentino), Gobierno (ejército británico, Royal Mail, NHS) y organizaciones intergubernamentales (la ONU y el Banco Mundial).

La carrera en los medios de comunicación de Chamorro-Premuzic engloba más de 100 apariciones en la televisión, entre las que se incluyen la BBC, la CNN y Sky y crónicas regulares en la *Harvard Business Review*, el *Guardian* (edición del Reino Unido), *Fast Company*, *Forbes* y el *Huffington Post*. Es ponente principal del Institute of Economic Affairs. Nació y creció en el barrio Villa Freud de Buenos Aires, pero ha pasado la mayor parte de su carrera profesional en Londres. Actualmente, vive en Brooklyn (Nueva York). Su página web es drtomas.com y lo puedes encontrar en twitter @drtcp.

ECOSISTEMA
DIGITAL